U1004385

鲸鱼座◎编著
侯琛◎绘

听！国宝在说话

走向世界

童趣出版有限公司编　人民邮电出版社出版
北　京

图书在版编目（CIP）数据

听！国宝在说话. 走向世界 / 鲸鱼座编著 ; 侯琛绘;
童趣出版有限公司编. -- 北京 : 人民邮电出版社,
2022.9
ISBN 978-7-115-58193-8

Ⅰ. ①听… Ⅱ. ①鲸… ②侯… ③童… Ⅲ. ①中国历
史－元代－少儿读物②中国历史－明清时代－少儿读物
Ⅳ. ①K209

中国版本图书馆CIP数据核字(2021)第255860号

责任编辑：何熙楠
责任印制：李晓敏
封面设计：韩木华
排版制作：罗筱筱

编　　：童趣出版有限公司
出　　版：人民邮电出版社
地　　址：北京市丰台区成寿寺路 11 号邮电出版大厦（100164）
网　　址：www.childrenfun.com.cn

读者热线：010-81054177
经销电话：010-81054120

印　　刷：北京华联印刷有限公司
开　　本：710 × 1000 1/16
印　　张：12.25
字　　数：155 千字
版　　次：2022 年 9 月第 1 版 2022 年 9 月第 1 次印刷
书　　号：978-7-115-58193-8
定　　价：58.00 元

版权所有，侵权必究。如发现质量问题，请直接联系读者服务部：010-81054177。

丛书编委会

主任

闫宏斌 故宫博物院副院长，中国博物馆协会市场推广与公共关系专委会主任委员

副主任（按姓氏音序排列）

蔡　琴 浙江省博物馆副馆长

刘　栋 河北博物院副院长

陆建松 复旦大学文物与博物馆学系教授、博士生导师

马萧林 河南博物院院长

田　静 秦始皇帝陵博物院党委副书记、副院长

王　青 山东大学考古学与博物馆学系教授、博士生导师

委员（按姓氏音序排列）

桂　岩 中国教育电视台《博物馆之夜》总导演

康文伟 弘博网总编辑，中国博物馆协会理事

马洪涛 吉林大学考古学硕士，上海世茂文化发展有限公司博物馆运营专员

王悦婧 山东大学文物与博物馆学硕士，《国宝来了：百大博物馆文物精讲》音频课程制作人

卫松涛 山东大学考古学及博物馆学硕士，山东博物馆副研究馆员

邢　鹏 首都博物馆藏品保管部副研究员

姚　玥 中国社会科学院大学文物与博物馆学硕士

余智雯 台湾省辅仁大学博物馆学研究所硕士，上海博物馆藏品保管部馆员

张　冲 山东大学文物与博物馆学硕士，淄博市博物馆文物保管研究部文博馆员

张　珂 上海世博会博物馆信息推广部信息主管

赵　娜 复旦大学文物与博物馆系博士生在读，成都金沙遗址博物馆助理馆员

朱良赛 山东大学文物与博物馆学硕士，连云港市博物馆考古部主任

序

站在贺兰山下，著名作家冯骥才先生曾发出“岁月失语，惟石能言”的感慨。这里的“石”指的是文化遗产，“言”则是叙说。作家这句话大概是说，时光荏苒，岁月无声，唯有文化遗产才能为我们讲述曾经那一幕幕鲜活的历史。

文化遗产涵盖的范围很广，其中以物质形态存在的部分，我们习惯上称之为文物。尽管几乎每一件文物都经历了成百上千年，但如今，它们出现在我们眼前时，不仅代表了某段历史的存在，而且承载着历史故事，代表了历史生命周期延续至今，所以才有人说：“热爱历史的人，是最现代的。”

文物还承载着大量历史、艺术、科学和文化信息，而这些信息不仅反映那个时代人们的审美情趣、社会风尚和技术水平，而且经常启发并鼓励我们进行新的创造，所以才有人说：“博物馆是新的文化创造的催化剂。”

“听！国宝在说话”这套书，就为读者精心挑选出一些具有代表性的文物，使人们了解它们背后充满生命气息的故事，启发人们从祖先留给我们的文化财富中汲取智慧的营养，去创造我们今天更加美好的生活。

如书中讲述的良渚文化玉琮的故事就是这样展开的：5000 多年以前，我们的祖先过着怎样的生活？为什么要制作那么复杂的玉器？良渚文化玉琮又是如何制作的？体现了祖先在哪些方面的智慧？反映了当时怎样的精神信仰？今天的人们如何延续并改进这种传承数千年的技艺？我们的现代文明，不正是在类似于这些原始的智慧上一点点升级、实验，并且改造、积淀而成的吗？

从根本上讲，文物之所以能“言”，是因为它们承载的是历史记忆与传统文化。时光流逝，我们永远无法重返曾经的年代，但通过这些文物，我们的眼前仿佛呈现出那时鲜活的生活画卷和我们勤劳智慧的先民的形象。其实这些文物一直在对我们讲述着“我们是谁？我们从哪里来？”，启发我们思考“我们将向哪里去？”。伴随着它们的声音，我们也成为连接昨天、今天和未来的“文物”。

上海大学教授、博士生导师
国际博物馆协会副主席
2021 年 9 月于上海

自序：那些文物所亲历的迷人历史

文物不仅仅是藏在博物馆里的冷冰冰的物件，也是人类悲欢的亲历者。我们了解文物的历史，其实就是经历传承文明的过程。换个角度来说，当你看完一篇文物故事，其实就已经和文物融为一体，成为历史的一环。

在读过一些用文物来讲历史的书后，我惊叹于从石器到太阳能充电器的人类200万年文明史，感动于来自一座7世纪英国墓葬中的头盔的故事，折服于主创团队在讲述失败者故事时传递的温暖和对待不同文明的谦卑态度……

这些阅读经历对于“听！国宝在说话”这套书的立项及创作都有很大的影响。从一开始，我们就确定好它不应该是说教或者结论性的知识输出，最好是由无数个细节诉说的迷人故事；它也不应当带有偏见和狭隘的主观意识，那些寻常物件也是历史的真

实构成，是今天的我们仍可以感知和触摸的记忆。

真实的历史，往往来自“亲历者”。那么谁是“亲历者”呢？是一手的历史记录吗？是代代相传的当事人回忆吗？还是“历史的想象”与“构造的历史”？可能都不尽然，相比之下，那些一直在场的物件才更有发言权。2300 多年前的商鞅方升，记录了商鞅的指令，百年后又刻上了秦始皇的政令，在它身上，商鞅和秦始皇展开了一次浪漫的时空对话，它见证了大秦帝国的崛起；半个手掌大小的皇后之玺，与大汉朝的吕后朝夕相伴，时光剪影中残留着吕后的杀伐决断；还有虞弘墓石椁，是北朝时期外交官虞弘的安息之所，上面刻画的图案是他一生的见闻，饱含他心底那一抹浓厚的乡愁……

“亲历者”会如何来讲故事呢？我们认为，在娓娓道来自身经历的同时，还应该映射当时的时代，这样才能帮助我们更好地理解它的经历。我们将每个文物故事分成了“毛遂自荐”“星汉灿烂”“风流人物”和“余音绕梁”4 个部分。从“亲历者”的自我介绍、时代背景、人物见证以及辗转至今的轨迹来讲述，希望将

它和它的时代，更丰满地呈现在青少年读者面前。

整套书参照了《中国考古学》《中华文明史》等资料，将中华文明看作一个整体，以 80 件文物讲述中国历史演进的几个重要阶段，对应整套书的 4 个分册：《先秦神器》《崛起之路》《盛世气象》和《走向世界》。文物的选取则都是国家级文物，力图反映中国历史上一些节点性的大事件或者影响较为深远的事件，这决定了它必然会映射那些改变历史进程的大人物，也决定了文物往往具有特别珍贵的历史、艺术等价值。

在讲述这些故事时，那没有姓名的芸芸众生，那些主流之外的边缘，也同样是我们珍视的“国宝”。因为有他们，我们在回首历史时，才能感受到充满感情的细腻片段。所以你会在书中看到一个叫作“小宋”的人，他有自己的小骄傲，完成作品后署上自己的姓氏。从他的这件得意之作中，我们可以品味他惊人的创造力。还有那件良渚玉琮，来自遥远的史前社会，看着它，似乎都能想

象到匠人日复一日地重复着这项工作。

这些就是我们想要探究的，也是书名的由来，我们希望你换个视角——听！国宝在说话。

特别感谢出版社的编辑老师，一遍又一遍地帮助我们在保留专业知识之余，把故事说得更温暖。还要特别感谢吴振鹏老师在这套书确立体例过程中的付出，以及对图书的无私推荐。感谢我多年好友，也是工作中的默契搭档王征导演给予的倾力支持，以及中国教育电视台的王越先生在图书出版事务性工作上的热情协助。

在这套书的编写过程中，我们尽可能地还原历史现场、丰满故事羽翼，但写作都有一定的主观性，不足之处还请读者朋友们多多指正。我们希望这样一套书，能够打开青少年了解文物的窗口，使青少年浸润在中华五千多年文明史长河中，感受辉煌历史，体会中华民族的伟大复兴。

鲸鱼座　王悦婧

2021 年 9 月

目录

钧窑“小宋自造”香炉

现居地
内蒙古博物院

外形特征
口部直径与足球相当

属性
瓷

个性签名
我身上的铭文，人人都能看懂

毛遂自荐

我来自元朝，是一个钧窑的香炉，名字叫“小宋自造”香炉，这个名字来源于我身上的铭文。不同于大多数器物上看不懂又念不出的铭文，我身上刻的这15个字，保证你个个都认识，而且一看就能理解。“巳（己）酉年九月十五小宋自造香炉一个”，这句话是不是完全不需要我解释了？

再看我的外表。我可是一个大块头，比同时代的小伙伴都高、都壮。我有两个立起来的长方形“耳朵”，一个圆鼓鼓的“肚子”，3个足上各有一个兽首，足部雕刻成兽爪状的位置还刻出了爪痕。仔细看你会发现，在我的口沿和腹部之间，也就是相当于颈部的位置，还堆塑有3只麒麟，正面有2只，背面1只在后颈的正中。腹部也装饰着兽面铺首衔环纹与兽面纹，但轮廓并不清晰。

我不是那种光滑平整的瓷器，颜色也浓淡不一。我们瓷器区别于陶器的一个特征，就是会在胎土的表面再涂一层釉，这样经过烧制后，就会形成一层具有玻璃质感的釉层。我身上的釉也很有特点，有流釉现象。我的釉料非常浓厚，能看出烧制时，釉从左上往右下流淌的痕迹，导致部分区域露出土黄色的胎，与天青色的釉面形成强烈对比。那么，为什么钧窑香炉的釉会流动，而且不是垂直往下流，而是从左上向右下流呢？

据专家推测，这跟瓷器的烧制方法有关。因为钧窑香炉在进入窑炉烧制时，采用的是斜装法，也就是将它的两只脚垫高，斜着装。而釉的浓淡不一，则导致釉色像水墨画一般有层次地晕开，所以看起来有自然的美感。这种美感，不仅符合当时人们的审美，其实也体现了我生活时代的风尚。瓷器上的釉随着温度升高流下来，烧成之后，形状看起来像眼泪一样，这就是风行一时的“流釉如涕”。

星汉灿烂

钧窑是我国五大名窑之一，窑址位于今天的河南省禹州市。它始于唐，盛于宋，在民间甚至享有“黄金有价钧无价”的美誉。钧窑瓷器有一个特点是窑变，也就是釉色在高温下会幻化出丰富的颜色，非常有美感。

因为宋朝钧瓷烧成条件高，在成形和烧制工艺中受限较多，所以宋朝钧瓷的形体、个头、体量都不会太大。为此民间还有“钧不盈尺”的说法，就是说钧瓷通常不超过一尺，换算成公制的单位，约为33.3厘米，大致相当于一只成年猫咪站立的高度。

但你看我就打破了一尺的限制，高度足足有42.7厘米，在流传至今的钧窑瓷器中属于体形相当大的。当然，我出生的时代也不是“钧不盈尺”的宋朝，而是草原游牧民族统治的元朝，我浑圆硕大的造型也是深受草原游牧文化的影响。

位于河南地区的钧窑，在北宋末年因靖康之变而停烧，后来窑场附近的区域都成了金国统治区，逐渐恢复生产，并进一步发展。金、元时期，附近很多窑场跟着仿烧，形成了庞大的钧窑系。而我不论从造型装饰还是烧造工艺来说，都是一个元朝钧窑瓷器的代表作品。

风流人物

“小宋”其人

你可能也发现了，博物馆里展示的瓷器，绝大多数我们都不可能知道其制造者的姓名。就算瓷器上有文字，不是装饰性的题诗，就是位于底部的“款识”（标示其烧制年份），我们也无从得知制造者姓名。但这个钧窑香炉很有意思，它在器物正面的铭文中，就清清楚楚、明明白白地写出了制造者的名字——小宋，以及香炉制造的时间——己酉年九月十五。

接下来，我们来说说“小宋”这个人。关于这位匠人的信息，我们能知道的非常有限，只能推断出他姓“宋”。可能别人管他叫“小宋”，于是慢慢地他也习惯了这个称呼，也开始自称“小宋”。他是一位有着非凡技艺的工匠，掌握着窑变的技术，可以制造出精美的钧窑瓷器。

“己酉年”为何年？

这一年是己酉年，按照中国的干支纪年法推断，从铁木真建立蒙古国，到元朝灭亡，有两个己酉年：一个是1249年，另一个是1309年。专家推断这两个时间点中，后一个更有可能是制造香炉的年份。因为1249年时，元朝尚未统一，战乱不断；而1309年时，元朝已经统治了很长时间，社会相对稳定，包括瓷器在内的制造业逐渐恢复，所以这个年份可能性更大。

1309 年，小宋开始制作这件瓷器。他感到很满意，这样的体量和创意此前没怎么出现过。他忍不住把制作时间和自己的签名都写上去，于是欣然留下“巳（已）酉年九月十五小宋自造香炉一个”这 15 个字。为了书写简单，其中这个“个”字，还不同于元朝使用的正体字，而是使用了当时民间的俗体字，其与现在的简体字写法一致。

自造

虽然瓷器上这种“署名”的情况并不常见，但再往前追

溯，还是可以找到源头的。你还记得许多青铜器上都有工匠的名字吗？这其实是一种早在春秋时期就开始出现的制度，器物的制造者要把自己的名字刻在上面，以方便管理者检验产品质量，这就是所谓的“物勒工名”。那一时期很多礼器、兵器上都刻有制造者的姓名，甚至监工和总负责人的姓名也有。中国国家博物馆就收藏了一件战国中晚期的青铜戈，它的正面铭文为“五年，相邦吕不韦造。诏事图、丞蕺（jí）、工寅”，不仅点出了秦王政五年，即公元前242年，“相邦”吕不韦造出了它，而且详细说明是在“图”这个地方，“蕺”为督造官员，“寅”为工匠。

但是我们细细品味一下，“自造香炉一个”，这语气似乎不同于工匠留名以应对检查的硬性规定时的语气，而是一种身为制造者的成就感的体现，制造者毫不掩饰自己骄傲和喜悦的心情。也

五大名窑

五大名窑是指宋朝最有名的5个窑，分别为汝窑、官窑、哥窑、钧窑、定窑。其中汝窑、官窑、哥窑主要生产青瓷；定窑主要烧造白瓷；而钧窑瓷器釉色多变，有玫瑰紫、天蓝、月白等多种色彩。

有学者说，这可能也是一种“知识产权意识”，即发出声明，告诉大家这件瓷器是我小宋制作的。

香炉为何用？

那么小宋的这件得意之作是做什么用的呢？钧窑“小宋自造”香炉出土自内蒙古呼和浩特东郊白塔东南约 500 米处的一处窖藏。这里在古代属于丰州城辖区，始建于 10 世纪初辽太祖在位时期，是辽国西南边界上的一座繁华城市，也是中原地区通往漠北的交通枢纽。经过不断发展，金、元两朝相继沿用。

这座白塔是自辽国就存在的一处宗教场所，塔内存放着佛教经卷。香炉从这里出土，表明它可能是当时使用的供器。但也有学者持不同看法，认为供器一般是小香炉，怎么会用这么大的香炉呢？所以这个钧窑香炉到底是做什么用的，目前还没有准确的证据可以证明。但可以推断的是，丰州的居民后来迫于战事离开了当地，为了避免一些精美的瓷器被破坏，就把它们埋藏于房屋下和院落内。

余音绕梁

钧窑“小宋自造”香炉出土在一个像窖穴一样的地方，这被称为“窖藏”。你可能见到过类似“窖藏白酒”这样的名词，这是白酒

生产时的一种做法。人们会将优质的、还没有经过勾兑的原浆酒放入陶制容器中，然后将其储藏在地下或半地下的酒窖内，

使白酒获得更好的品质。考古发现的窖藏也是由于某种特殊原因，要把器物埋起来以更好保存。比较常见的是由于战争或灾荒等原因，人要逃难，但东西不方便带走，所以只能先找个地方埋起来。但世事无常，很多时候，这些逃难的人没能再回来把这批物件挖出来。

钧窑“小宋自造”香炉被发现的这个窖藏，是 1970 年内蒙古大学历史系的学生们在这里参加生产劳动时，无意中发现的。与它同时出土的还有另外 5 件精美瓷器。这批瓷器可以说是代表了元朝瓷器制造业的最高水平。

有机会的话，欢迎你到内蒙古博物院，近距离欣赏这件钧瓷“小宋自造”香炉，看它独特的造型与装饰，和那充满自信的铭文。

八思巴文虎符圆牌

现居地
甘肃省博物馆

外形特征
大约是一部手机的大小

属性
铁牌银字

个性签名
来自元朝的特使身份证

毛遂自荐

我是来自甘肃省博物馆的八思巴文虎符圆牌，我身上有5行铸造的凸起文字，这种文字被称为“八思巴文”。八思巴文在现在几乎看不到了，但在当时却随着忽必烈的征战，传播到了整个欧亚大陆，可以称得上是“世界语”了。根据专家们的翻译，牌面文字的意思是：仰仗长生天威力的皇帝圣旨，如不遵从，严惩。

在圆形的符牌上方有像柿蒂形状的装饰，上面装饰有微微凸起的虎头和前爪。老虎怒目圆睁，厚唇大嘴略微张开，显得神气威武。柿蒂装饰的顶端有个椭圆形的活环，便于人们将符牌挂在腰间携带。

流传至今的元朝符牌极为罕见，全世界也不过三四块。目前发现的铁质符牌有两块，除我之外，还有一块出土于俄罗斯托木斯克的波克托尔，人们称之为“波克托尔牌子”。虽然我们的外形差不多，但我身上的图案和文字要比波克托尔牌子清晰得多。此外，考古学家在今天的欧洲中部地区和中国内蒙古兴安盟，分别发现了银质和金质的符牌。

为什么元朝的符牌会出现在国外，而且出土的地方如此分散呢？这就要从元帝国的版图说起。

星汉灿烂

1271年，忽必烈建立了横跨欧亚大陆的元帝国，颇有“普天之下，莫非王土”的气势。蒙古人的军队战无不胜，所向披靡，从亚洲

到欧洲，广阔土地上的很多国家都臣服于忽必烈的统治。

随着疆域的扩大，各民族交往不断密切，忽必烈越来越深刻地感受到文字不统一对各民族之间交流的阻碍，他认为在如此庞大的国家内部的交流上，一定要有一套通行文字。

其实早在1260年，忽必烈即大汗位后，就尊封八思巴为“国师”，并将创造统一文字的重任交给了八思巴。忽必烈要求这套文字能“译写一切文字”，包括蒙文、汉文和藏文等。八思巴在西藏苦思冥想了8年，带来了好消息。他以藏文字母为基础，创造出一种新的拼音文字，这就是八思巴文。

1269 年，忽必烈专门下诏颁行新文字，此后又多次诏令将八思巴文当作“大元国字”加以推广。从文字学的角度来看，八思巴文字是一项非常伟大的发明。但从实用的角度看，蒙古人当时已使用畏兀字多年，不愿再去学习难以辨认的八思巴文；而习惯了使用汉字的汉人更是看不懂也读不出；藏人习惯横写，读八思巴文也觉得非常别扭。因此八思巴文的推广遇到了很大困难。

尽管下诏已经两年，但还是没有多少人学习和掌握八思巴文，忽必烈不得不下诏要求朝廷官员百日内学会八思巴文。官小的学会了可以升官，没官职的学会了可以做官，不识字的学会了可以终身免除徭役。但尽管这样，八思巴文还是成了不折不扣的“贵族文字”，对百姓的影响并不大。

八思巴文作为官方文字使用了 100 多年。元朝灭亡后，中原地区立即废止了八思巴文，北方的蒙古人继续使用了一段时间后，八思巴文正式退出了历史舞台。之后，八思巴文只在蒙古人房屋的门框上以变形文字的形式偶然出现，但房屋主人也并不知道文字的含义，只是用它做装饰。

那么，这位创造了新文字的八思巴又是何人呢？

风流人物

八思巴是藏传佛教萨迦派的第五代祖师。据说他3岁就能讲佛法，令听众叹为观止，于是人们称其为“八思巴”，就是藏语“圣者”的意思。后来，他随着伯父到了凉州，也就是今天的甘肃武威，拜见了蒙古贵族，自此归附蒙古王朝。

在八思巴 15 岁那年，他凭着丰富的学识和深邃的思想赢得

了忽必烈的赏识，于是被留在忽必烈的身边，为这位元朝统治者及其皇妃等贵族们讲传佛法。忽必烈即大汗位后，作为“国师”的八思巴受朝廷的委托，管理西藏政事。在创立了八思巴文后，忽必烈对八思巴更加器重，加封其为“帝师”。

八思巴去世后，元朝中央的帝师制没有改变，帝师职位仍然由萨迦派高僧继任，元朝共产生过十几位帝师。直到元朝灭亡，这项制度才宣告终止。

八思巴作为元朝的帝师，不仅创造了新字，还积极促进汉藏交流，将藏族建筑技巧、雕塑等引进中原，又将中原印刷术等传入西藏。

余音绕梁

20世纪60年代，在兰州西站有一批从西藏拉来的“破铜烂铁”，人们在里面发现了一块圆形的牌子，牌子上的文字像是藏文，又像是满文。甘肃省博物馆的工作人员得知消息后第一时间赶到现场，凭着职业的敏感，工作人员把这块牌子带回博物馆，进行了翻拓，但是谁都不认识牌子上的字。于是博物馆的工作人员上门去拜访当时著名的社会学、民俗学专家郝苏民，请他对牌子上的字进行辨认。郝苏民看到拓片后惊喜万分，他认出这是八思巴文！

时至今日，我们所能见到的八思巴文，几乎都来自元朝的诏书、公文、印章、牌符，以及钱币。从某种意义上说，八思巴文虽然应用时间不长，范围有限，但它的创造和推广在一定程度上推进了蒙古社会的文明进程。

帝师制

帝师制是元朝独有的一种宗教管理方式，从元世祖忽必烈起，历代皇帝都设“帝师”一职，给予帝师极尊荣的地位和最优厚的赏赐。帝师制在促进民族团结中起了重要作用，促进了蒙、藏、汉各民族的融合和国家的统一。但帝师也由于其特殊地位，对朝政产生了一些负面影响，如后期对纲纪的破坏。

元青花四爱图梅瓶

现居地

湖北省博物馆

外形特征

高度近似于两支绘图铅笔竖起呈一条直线的高度

属性

瓷

个性签名

我曾是绝美爱情的见证者

毛遂自荐

我是一件元朝的青花瓷。据统计，全世界元青花的真品只有 400 件左右，物以稀为贵，我们家族就显得非常珍贵了。而其中，以人物图案为题材的元青花数量就更少了，可能只有两位数，所以我就被专家鉴定为一级文物，入住了湖北省博物馆。

我的名字叫“元青花四爱图梅瓶”，你可能想问，为什么叫“四爱图”呢？又是哪“四爱”？其实“四爱”是古代书画、装饰中常见的题材，表现的是古代四位名人雅士高尚的情怀。它们分别是：王羲之爱兰，陶渊明爱菊，周敦颐爱莲，以及林逋（bū）爱梅、爱鹤。

“书圣”王羲之喜爱兰草，他将其蕴含的美融入书法创作中，书写了光耀千古的《兰亭序》；那个写下“采菊东篱下，悠然见南山”的东晋诗人陶渊明则最爱菊花的清雅飘逸；宋朝理学家周敦颐酷爱莲花，他以莲之高洁，寄托毕生的心志，《爱莲说》传唱不衰；北宋词人林逋，世称“和靖先生”，一生不仕不娶，自称“以梅为妻，以鹤为子”，人称“梅妻鹤子”。

说完了纹饰，再来说说我梅瓶的器型。你看我小口、深腹，是不是很像你们家里的花瓶？梅瓶也称“经瓶”，最早出现于唐朝，清朝末年，人们认为我“口径之小仅与梅之瘦骨相称，故名梅瓶”。我因造型而得“梅瓶”之名，但实际上我最开始并不用于插花，而是盛酒的器具。

最后再来欣赏一下我颜色的魅力。我的胎体洁白厚重，釉面白中

泛青，青花光彩焕发，浓淡有别，彰显了青花瓷烧造技艺的巅峰。那么元青花是如何烧制的呢？它是一种釉下彩瓷，也就是在纹饰描绘完成后，要施以透明的釉料，再进行烧制，所以“彩”在“釉”下。最后的入窑烧制也是难度非常高的一道工序，因为需要烧窑师傅凭借丰富的经验控制温度的高低，这直接决定了器物的器型规整程度和青花发色的浓淡，差之毫厘便会造成整窑烧制失败。那么青花瓷究竟是如何流行起来的呢？

星汉灿烂

13世纪，蒙古人西征使东西方贸易之路畅通。元朝统治时期，国土范围内有大量的外国人，他们为中国带来了异域文化。

在西亚的一些地区，蓝色是尊贵的象征，将蓝白相间的纹饰应用在瓷器上，做出的瓷器是当时王公贵族们喜爱的艺术品。

而中国的瓷器，历来讲究淡雅，青瓷、白瓷是深受文人喜爱的品种。异域文化的融入，也开始影响中国传统审美。再加上贸易之路带来了被称为苏麻离青的钴（gǔ）料（制作青花瓷器必不可少的一种原料——绘制青花的颜料），以及景德镇瓷器生产格局的形成和升级，青花瓷成熟并流行的时代、技术背景就都具备了。于是，青花瓷在中国大地上登场。

这件四爱图梅瓶就诞生在元朝，但它的主人却是明朝人，这是怎么回事呢？

风流人物

2005年，文物部门对位于湖北钟祥的明朝郢（yǐng）靖王墓进行抢救性发掘，墓葬主人郢靖王朱栋是明太祖朱元璋的第二十四个儿子。可是，在打开墓室之后，考古队员们却有些失望，墓葬里面并没有什么稀世珍宝，多是破烂不堪的腐烂树根。这似乎印证了朱元璋对丧葬制度的严格要求：他要求皇子们在随葬时禁用金玉，所以明初王室们的随葬品都很简陋。但在发掘到郢靖王和王妃棺椁所在的后室时，惊喜出现了，这里竟然有一件来自元朝的青花瓷梅瓶！

郢靖王与王妃虽是合葬，但王妃的随葬品，无论从数量还是质量上都明显高于郢靖王的。据文献记载，郢靖王朱栋是一位既能吟诗作赋，也能上马提枪的王爷。他为人低调，深得朱元璋和朱棣两代帝王的厚爱。朱栋4岁时就被封王，而他的王妃郭氏，则是一直追随朱元璋打天下的大功臣郭英的女儿。

据传，朱栋和郭氏青梅竹马。有一次，两人玩耍时，朱栋就说将来要娶郭氏为妻。郭氏问他，以何为证，朱栋笑着指了指摆在堂上的元青花四爱图梅瓶。长大以后，朱栋果然迎娶了郭氏为王妃，那件元青花四爱图梅瓶，自然就成了两人爱情的见证。

婚后的这对小夫妻虽然恩爱有加，但聚少离多。郢靖王一心带领军士垦荒开田，耕种戍守。没承想，郢靖王27岁时就英年早逝，王妃悲痛不已，对镜画下自己的容貌，留给未成年的女儿们，便决然殉情。皇帝闻讯甚为感动，于是下旨厚葬王妃。因此王妃的随葬品远远超过了夫君郢靖王，这件元青花四爱图梅瓶则作为她生前的心爱之物一同随葬，直到近600年后才重见天日。至于这件元青花四爱图梅瓶是如何被王妃收藏的，就不得而知了。

余音绕梁

郢靖王墓中的元青花四爱图梅瓶一经发现，便引起了极大的关注，不仅是因为它是一段绝美爱情的见证者，更重要的是因为它是元朝的、以人物为主题的青花瓷，可谓珍品中的珍品。那么究竟是什么提升了元朝青花瓷器的价值呢？

首先，元青花的稀少决定了它价值连城；其次在于它的不可复制性。就拿元青花的绘画颜料——一种被称为苏麻离青的钴料来举例。它并非产自中国，而是来自遥远的西亚。从化学特性来说，由于钴料中铁的含量过高，青花瓷上会呈现褐色的铁锈斑。这原本属于烧造中的缺陷，但无意中形成了一种意想不到的奇妙效果，这种锈斑也成了鉴定元青花真伪的重要依据。

但在明朝宣德以后，由于苏麻离青釉料使用殆尽，这种效果特别的青花瓷器也随之消失。

永乐、宣德时期颜料的补充则得益于郑和下西洋。

元青花与明初青花的成品气质也是有所不同的。纵然在科技发达的今天也无法重现元青花的工艺，它就是专属于那一时期的产物。

此外，在全世界约 400 件元青花中，超过三分之二都收藏在国外，其中土耳其托普卡珀宫就拥有 80 件完整器物。为什么现存于世的元青花有这么多不在它们的出产地中国，而是出现在遥远的土耳其皇宫中呢？这主要与丝绸之路有关。

前面说到，青花瓷的出现、流行，与来到中国的外国人有很大关系，这些外国工匠也与本土工匠产生奇妙的融合，开始制作青花瓷。这种瓷器在被中国接受的同时，也成为外销瓷中很重要的门类。

青花瓷不断流向西亚与欧洲的皇室，翻阅奥斯曼时期的各类档案，人们可以从其国库清册、账簿、礼品收发录、契约及其他文件中找到大量有关中国瓷器的记载。

欢迎你到湖北省博物馆来欣赏这件元朝青花瓷器中最为珍贵的人物题材器物，进一步感受它传承过程中的传奇经历。

太祖皇帝
御名成吉思罕諱帖木真

《成吉思汗像》

现居地

中国国家博物馆

外形特征

大约 4 张 A4 纸平铺的大小

属性

纸

个性签名

你知道“一代天骄成吉思汗”长什么样吗？看我，看我！

毛遂自荐

想必你听说过成吉思汗的名号，他是蒙古汗国的建立者，世界历史上一位杰出的军事家、政治家。关于“成吉思汗”的名号有一种解释，说“成吉思”是大海或者强大的意思，汗就是王，所以“成吉思汗”的意思是说他是一位像大海一样的强者。成吉思汗名叫铁木真，他一生做了两件大事：一是统一了蒙古各个部落，结束了它们互相争斗的局面；二是进行了大规模的对外征战，他的军队甚至打到了现在的西亚，连接了亚洲和欧洲，重新开通了丝绸之路。

我是一幅画像，所描绘的是成吉思汗戴着毡帽，身穿长袍，留着长胡子的模样。在画像的右上部分写着“太祖皇帝即成吉思罕讳帖木真”。

成吉思汗曾严禁画师为他画像，即使到现在也仅有两幅成吉思汗画像真迹，一幅收藏在台北故宫博物院，另一幅是后来发现的，也就是我，现在在北京的中国国家博物馆内。我们“哥俩”所描绘的成吉思汗在形象、服饰、表情等方面都很相像，简直可以说是“孪生兄弟”。有专家说，我们两兄弟是同一位画家所画，或者相互临摹，都是明朝的；也有专家认为，无论是从画像的纸、墨还是从人物的形象、帽子、衣服等细节，都可以看出我是元朝时所画，台北的那幅画像是我的弟弟。不论年代如何，两幅画像中的成吉思汗的形象都是一样的，那这个形象是怎么被画出来的呢？

星汉灿烂

当年，成吉思汗创下了许多被后世惊叹的伟业，同时也给后世留下了许多谜团，比如成吉思汗到底长什么样子？

成吉思汗建立了横跨欧亚大陆的蒙古汗国，后来他的孙子忽必烈建立了元朝。据说成吉思汗一生征战南北，经历60多场战争，战事繁忙，身边没有带着画师，所以他的画像都是在他去世后画的。而且，成吉思汗曾留下了“四不许”遗言：不允许为他写传记，不允许为他作画，不允许把他的名字刻在任何物品上，更不允许在他死后为他修建陵墓。

既然有这么多的“不允许”，那么大家是怎么知道成吉思汗相貌的呢？这里有一个关键人物，成吉思汗的孙子——忽必烈。成吉思汗活着的时候并没有画像，在他死后很多年，忽必烈征服了南宋，统一了全国，建立了元朝。忽必烈称帝之后，想要将自己的爷爷成吉思汗追封为元太祖，供奉在祖宗的祠堂之中，但是找来找去也没有找到一幅成吉思汗的画像，所以他就想请人为成吉思汗画像。根据《元史》记载，“至元十五年（1278 年）十一月，命承旨和礼霍孙写太祖御容”，意思就是忽必烈让和礼霍孙这个人去绘制成吉思汗像。可是和礼霍孙是忽必烈时期的臣子，他根本没有见过成吉思汗，这可怎么画？他没有见过，可是忽必烈见过。成吉思汗去世的时候，忽必烈已经 12 岁了，对爷爷的相貌有记忆。而且后世有许多史书记载说成吉思汗与忽必烈的长相十分相似，所以和礼霍孙作画时，可能是对照着忽必烈画的，还得到了忽必烈的指点，他再进行一些修改与处理，最终画出了《成吉思汗像》，陈列在了祖宗祠堂。因此这幅画像不一定与成吉思汗本人一模一样，但是却得到了忽必烈的认可，可以说与成吉思汗的形象十分接近了。但是和

礼霍孙所画的画像究竟是不是中国国家博物馆收藏的这幅，目前还难有定论。

通过画作，我们能在一定程度上窥见成吉思汗的相貌与气质，那么他是一个什么样的人呢？

风流人物

成吉思汗是一位在世界范围内都很有知名度的历史人物，简直就是“战神”。在欧亚大陆上的很多国家和地区都流传着他的故事，他和他的蒙古骑兵，作战勇猛，战无不胜，但他也经常下令屠城，非常残暴。

成吉思汗的一生是被传说所围绕的，关于他的很多故事都难断真假，能确定的是他出生在漠北草原（今天的蒙古国）。他的父亲是部落酋长，本应该过着富足生活的他，因为父亲被敌人毒害而改变了命运。他去投奔了父亲的好朋友，在那里积蓄实力。后来他发动了一系列的战争，将漠北草原的各个部落统一，建立了蒙古汗国。

复仇的人生

成吉思汗的人生就是不断复仇的一生，一次又一次复仇，推动着他不断发动战争。在攻占金国的很多土地之后，成吉思汗的“地盘”

已经很大了。而此时，西边的花剌子模王朝也同样野心勃勃，不断地对外扩张。

1219年，成吉思汗派出一支由450名商人组成的商队向西去经商。但是商队在经过花剌子模时，以“间谍罪”被拦下，500头骆驼满载的金银、丝绸、貂皮等宝贝被抢走，商队中449名商人被杀害，

只剩一人逃回了蒙古汗国。逃回来的人向成吉思汗汇报了这件事，成吉思汗听了之后暴跳如雷，但是碍于暂时对花剌子模还并不了

解，所以没有贸然出兵，而是派遣了三名使者前去责问。可令成吉思汗没有想到的是，这三人中，主使官被杀害，从官二人被割下胡子，受尽欺辱后被逐回。

是可忍孰不可忍，这件事完全突破了成吉思汗的底线。“两国交兵，不斩来使”，在草原长大的成吉思汗将忠诚看得无比重要，因此十分尊重使者。花剌子模的一次次行为，无疑是对成吉思汗的蔑视和羞辱，也是对他的公然挑衅。

于是，成吉思汗召开大会，集结了20多万蒙古大军准备西征，报仇雪恨，并派人给花剌子模国王送去战书。战书的大概意思就是你挑起了战争，等着我来收拾你吧。没过多久，蒙古大军就兵临城下，谁知一向硬气的花剌子模国王此时却软弱了下来，他把40多万大军分散在各地做好迎战的准备，自己却逃跑了。成吉思汗面对这样的部署，集结兵力，逐一击破，经过半年多的战争，消灭了花剌子模。此后，成吉思汗便开始了继续向西的征程。

“一代天骄”之死

成吉思汗的一生，从来没有停下四处征战的脚步。64岁那年，他还亲自带兵攻打西夏。早先他与西夏订立了盟约，一起攻打金国，但是没有想到西夏出尔反尔，背弃约定，导致成吉思汗麾下的大将含恨而死。

根据《元史》记载，成吉思汗是得病而死的，《元朝秘史》中对成吉思汗的死亡有更详细的记载：在征讨西夏的途中，成吉思汗在一个叫“阿尔不合”的地方打猎，但是他骑的马被一匹突然奔出的野马吓到了，没有任何防备的成吉思汗坠下了马，流了很多血，当晚就发起了高烧。成吉思汗手下的大将建议他回去休养。可就在这时，西夏的大臣出言挑衅，说我们西夏有贺兰山营地，根本不怕你们，你们蒙古人想要黄金白银，尽管来我们这里取好了。一生征战的成吉思汗哪里受得了这种言论，他勃然大怒，说西夏说如此大话，我们如果现在回去岂不是丢尽了颜面，于是抱病出征。再加上后来染上风寒，他在征服西夏前夕病发而死，享年 66 岁。

余音绕梁

《成吉思汗像》现在收藏在中国国家博物馆，那么这幅画是怎么来到这里的呢？

北洋政府时期有一位官员，名叫陈宧（yí），他担任过蒙古宣慰使。有一次，他代表政府去蒙古地区时，一位王爷将家中收藏已久的《成吉思汗像》作为礼物送给了他。陈宧把这幅画带回了北京，收藏在自己的家里。十几年后，陈宧的儿媳崔月荣有一次要搬家，她想着把家中杂乱的古书画都处理掉，其中就包括这幅《成吉思汗像》。但是当时并没有专门的收古字画的地方，当作废弃品卖掉又觉着有点儿可惜，于是她想起了自己的小学同学史树青。

当时，史树青在中国历史博物馆（今中国国家博物馆）工作，他曾经见过明朝的《成吉思汗像》。他看到崔月荣家中的这幅画像竟与明朝的那幅十分相似，而且这幅画像的服饰细节与元朝史书记载更为吻合，于是建议崔月荣将这幅画像卖给中国历史博物馆。

中国历史博物馆拿到这幅画后立刻展开了研究，发现它是最接近成吉思汗本人的画像，对于研究元朝历史有很重要的意义。

后来，中国历史博物馆经过多次调整，最终成为中国国家博物馆，这幅画就一直安静地陈列在博物馆中。

画像的流传经历颇为坎坷，如果这一连串的环节中任何一个出现了差错，可能我们就无法见到这幅《成吉思汗像》了，历史际遇的神奇真是令人感慨。欢迎你到中国国家博物馆，亲自领略成吉思汗的魅力。

吾家梅景書屋所藏第一名迹潘静淑記

《富春山居图》

现居地

一半在浙江省博物馆，一半在台北故宫博物院

外形特征

完整的我，差不多是一辆中型公共汽车的长度

属性

纸

个性签名

跨越 600 多年的传世之作

毛遂自荐

我是《富春山居图》，曾经经历了一场火灾，多亏了一个叫吴子文的人，把我紧急带离了火场。我的小命虽然被保住了，但从此被毁成了两部分。前一部分叫《剩山图》，现在是浙江省博物馆的镇馆之宝；后一部分叫《无用师卷》，是台北故宫博物院的镇馆之宝。不夸张地说，合体的我简直是“国宝加强版”。

我的作者是元朝四大画家之首黄公望，他在79岁高龄的时候，来到了富春江。为了把我画好，他前后画了7年，不辞辛苦地跑遍了富春江两岸，观察每个角度景色的变换。遇到觉得惊奇的景色时，他便用画笔记录下来。他的细致观察，再加上炉火纯青的笔墨技法，使我成为中国十大传世名画之一。当然，我的价值并不是单纯地体现在绘画上，人间600多年的经历更增添了我的神秘色彩。

星汉灿烂

元朝初年，科举考试一度停办，文人地位一落千丈，甚至有“九儒十丐”的说法。也就是说将人按职业分十等，儒生排第九，乞丐排第十，可见文人的境遇。面对这种情况，南宋的文人有三种选择：一是像文天祥一样反抗；二是像方回、留梦炎一样，追求高官厚禄，谋求一官半职；更多的南宋文人选择了第三条路，就是隐居。

随着时间的推移，元朝中期开始恢复科举考试，文人们开始慢慢地走出山泽，进入朝廷。在这个大时代下，我的作者黄公望也进入了朝堂，做了一名小官。但是，关于他的故事，我们还得从头说起。

风流人物

黄公望，字子久。据说他本名陆坚，但是陆家很穷，养不起孩子，就把他过继给了浙江永嘉的一位人称黄公的老人。黄公没有小孩儿，一直想收养一个，但是每一次别人家的小孩儿送来时，他总是不满意，所以直到他94岁时还没有继子。而当陆家把孩子送到黄公面前时，他非常高兴，就给陆坚起名叫黄公望，字子久。

黄公望十分聪慧，12 岁时就参加了元朝的“神童科”考试，是当时的天才儿童。长大后，黄公望做了一名小官，一做就是几十年。45 岁的时候，黄公望在浙西廉访司任职，但是因为上司贪污舞弊，他被一起抓进了牢狱之中，5 年之后才无罪释放，那时候的他已经 50 岁了。在那个时代，他已经是个名副其实的老年人了。

年过半百，一无所获，这对黄公望来说是个沉重的打击。据说出狱之后，也有官场的朋友邀请他继续做官，但是不知出于什么原因，黄公望做

了一个让人意想不到的选择——入全真教当道士。

黄公望以帮别人算命谋生，但是他一直没有放弃绘画。据说，他50岁出狱时，去拜师赵孟頫（fǔ），遇到了赵孟頫的外孙王蒙。王蒙说，你都这么一大把年纪了，还学什么呢？快回去吧！但是黄公望并不在意，每日仍坐在大石头上看山水。最终，他得偿所愿，得到了赵孟頫的指导。他自称是“松雪斋中小学生”。“松雪”指的就是赵孟頫，“小学生”则是他觉得自己的绘画水平还差很多。

79岁那一年，黄公望来到浙江富春江一带游历，他的师弟郑樗（chū）（字无用）负责照顾他生活起居。黄公望发现富春江的山水很漂亮，每遇到一处美景，他便提笔作画。所以《富春山居图》并不是一幅画，而是由6幅画拼起来的。他这样走走画画停停，画了三四年，1350年，在他82岁的时候画作落款。但是实际上这幅画并没有画完，而《富春山居图》从这一年开始了在人间600多年的曲折“画生”。

余音绕梁

黄公望的师弟无用认为这幅画画得太好了，一定会成为传世之

作，就对黄公望说：“我照顾你那么久，这幅画就送我吧。”黄公望年事已高，早已看淡了名利，就答应了师弟，但是他要把这幅画完成之后才能送。师弟让黄公望必须在画的后面写下这幅画是送他的，不然哪天黄公望去世了，也没有人知道这件事。黄公望无奈地答应了，这幅画在至正十年（1350年）落款。

不知经历了多少岁月，这幅画辗转到了明朝画家沈周的手里。沈周是明朝四大画家之首，从“元四家”之首到“明四家”之首，不知是不是冥冥之中的缘分。

沈周非常喜爱这幅画，就请朋友帮忙题跋，朋友的儿子心生歹意，悄悄地把这幅画高价卖掉了，却告诉沈周画被人偷了。沈周十分难过，大哭一场，凭自己的记忆临了一幅《富春山居图》。

直到明朝末年，黄公望所画的《富春山居图》才重见天日，被大书画家董其昌买了下来。董其昌也惊叹于这幅画的技法，经常看着它感叹说“吾师也”。但是董其昌的儿子欠了债，董其昌晚年时不得不

当掉这幅画替儿子还债，于是这幅画又到了吴正志手里。

吴正志把画给了他的幼子吴洪裕。吴洪裕珍爱至极，因为他没有孩子，就把画当成孩子供养，睡觉时放在身旁，吃饭时也带在身边。明朝灭亡时，吴洪裕在慌乱之中只带着《富春山居图》逃跑了。他太喜爱这幅画了，所以在临死之际，他要求把这幅画烧掉为他陪葬。在葬礼上，吴家人刚把《富春山居图》放进火炉之中，人群里突然跑出一个人，把画从火炉中抢了出来，他就是我们开篇提到的吴子文，他是吴洪裕的侄子。画虽然被救了下来，但是被烧成了两部分：前半部分尺幅较小，但相对完整，后来重新装裱，叫《剩山图》；后半部分因为有黄公望的题跋，讲述了画的由来及无用师弟的陪伴，所以叫《无用师卷》。

到了清朝乾隆年间，乾隆皇帝得到了一幅《无用师卷》，他对这幅画爱不释手，在上面密密麻麻地题满了款。但是第二年，乾隆皇帝又花了2000两银子买了另一幅《无用师卷》，他仔细分辨后，认为先

前的那幅是真迹，后来的那幅是假的，但是乾隆皇帝辨认有误。他的儿子嘉庆皇帝命人编撰《石渠宝笈》，在这本书里为《无用师卷》的真迹正名。后来真迹被运到了台北故宫博物院。

而《剩山图》一直流传于民间收藏家手中，最终由近代画家吴湖帆买了下来。后来，他被浙江省博物馆的诚心打动，将《剩山图》捐出，在浙江省博物馆进行永久保护。

2011年，海峡两岸决定将两卷合并展出，共同推出了“山水合璧：黄公望与《富春山居图》特展”，一时间《富春山居图》名声大噪，寻常百姓也能一睹它的风采。

九旒冕

现居地
山东博物馆

外形特征
与成年人的头部尺寸差不多

属性
藤篾镶金

个性签名
黑色的王冠

毛遂自荐

我的名字叫九旒（liú）冕（miǎn），有些不好念。其实我就是一顶古代的帽子，但却不是普通的帽子。我是明朝的太子和亲王在祭拜天地、祖先及举行重大典礼时戴的帽子，是只有在重要场合才能佩戴的礼帽。在古代，“冕”一般是指帝王戴在头上的冠。“冠”“冕”的含义基本等同，比如成语“冠冕堂皇”；而旒是指冕前后两端下垂的串珠，九旒冕就是指前后各有9道旒的冕冠。从周朝开始，冕冠与礼制密切相关，成为区别阶级尊卑的一个标志。冕冠的使用有着严格的规定，不同地位的人，冕冠的形制、材质、部件细节、做工都有严格的区分。

我的外观既华丽精美，又威严大气，全身做工精细，由多个部分组成。我的制作工艺很复杂，首先要用藤篾（miè）编制出六边形筒状的冠胎，表面刷一层黑漆。再在冠胎上面覆盖一个木质长方形的冕板，冕板前后各垂着 9 道旒，每道 9 颗，用红、白、青、黄、黑 5 种颜色的玉珠穿成。

旒这个物件可大有讲究，不能随意使用，因为旒的数量多少是区别冕冠等级高低最主要的标志。据《明史》记载，在明朝，皇帝的冕冠前后各有 12 道旒，每条旒上缀 5 色玉珠 12 颗；太子和亲王冕冠前后有 9 道旒，缀珠 9 颗。

而我正好有9道旒，162颗宝珠象征着我主人的尊贵地位。另外在

我的身上还镶有金圈、金边，来彰显出我的华丽。我的左右两侧各垂着一颗大青玉圆珠，冠胎两侧上方留有梅花形的洞，有一支金簪左右贯穿，这样可以把冕冠固定在头上。以前，我的下面有丝绸系带，系在下巴下起固定作用，可惜出土的时候已经腐烂了。

这些部件的样式可不是随便制作出来的，都有严格的礼制标准。比如，我顶部的长方形冕板，两端前圆后方，象征着天圆地方；而冕冠整体前低后高，呈前俯之状，则象征太子和亲王要有谦恭的美德，能倾听民意。冕板前后的9道旒能遮挡住视线，要求佩戴者目不斜视，直视前方，表示太子和亲王要是非分明。另外，在两耳处以丝线悬挂一颗青玉圆珠叫“充耳”，像塞住了耳朵一样，表示太子和亲王不要听谗言，有所闻有所不闻，不要只关注眼前的细枝末节，而要致力于国家的长治久安。据此衍生出了“充耳不闻”这个成语。

说了这么多，你肯定好奇——我的主人是谁？他又有怎样的传奇故事呢？

星汉灿烂

我出生在明朝初期，此时明太祖朱元璋刚结束元末数十年的战争，建立大明王朝。俗话说，打江山容易守江山难，朱元璋称帝后整日都在思索：有没有一种制度能确保大明江山永固？别看朱元璋是农民出身，文化水平不高，但他却懂得以史为鉴，学习治国之道。

一日，朱元璋翻阅史书，看到汉高祖刘邦分封宗室子孙到各地为王，共同守卫大汉江山的历史故事时深受启发。他想到宋朝和元朝都没有分封宗室，结果宋朝积贫积弱，在与辽国、西夏、金国、蒙古的战事中接连失利，最后退守东南一带还被蒙古灭了国。元朝就更不用说了，建立不到100年就灭亡了。反观汉朝实行了分封宗室的制度，刘姓汉家天下存在了600多年。想到这里，朱元璋决定要效仿汉高祖刘邦通过分封宗室为王，让他们镇守各地来拱卫朱家天下。

1370年，朱元璋诏告天下，正式册封亲王，把他们分封在全国重要的地方州府。为此，朱元璋还制定了堪称中国古代最为完善的分封保障体系，来保障被分封亲王的权利。比如规定亲王王位可以世代传承，一年的俸禄粮食5万石（dàn），铜钱2.5万贯。同时亲王还掌握地方兵权，所在地区的将领和士兵都要听从亲王的指挥。

在这一次封王典礼中，我的主人虽然只有两个月大，但仍被封为“鲁王”，封地在山东兖（yǎn）州。围绕着我主人和我的故事由此拉开帷幕。

风流人物

我的主人是朱元璋的第十子，名字叫“朱檀”。朱檀的生母郭宁妃家族显赫，父兄都是追随朱元璋南征北战的将军。郭宁妃也深受朱元璋的宠爱，因此朱元璋对朱檀也十分看重，在他两个月大的时候便封他为鲁王。

朱檀小时候是一个博学多识、尊师重道的好孩子，朱元璋对他喜爱有加并对其寄予厚望。等到朱檀 15 岁时，按照规定他必须离开父母前往自己的封地——兖州，履行自己作为鲁王的职责。

临行前夜，朱元璋设家宴为朱檀饯行，嘱咐他到封地后要勤政爱

民，造福百姓。朱元璋还赐了一顶九旒冕给朱檀，给他讲了这顶九旒冕的寓意，希望他能成为一位贤明之主。辞别父母后，朱檀带着父母的嘱咐和御赐的九旒冕来到了兖州。

兖州是孔子和孟子的故乡，初来乍到的朱檀似乎受了圣人的熏陶，他博览诗书，结交名士贤达。但好景不长，年少的朱檀很快就感觉这样的生活乏味不堪，便广求方士，想要炼长生不老的仙丹。他常年服食丹药，身体受到了严重的伤害，双目失明，不久便暴毙身亡了，年仅 19 岁。

朱檀去世的消息被报到了朱元璋处。朱元璋痛心疾首，对他十分失望。在中国古代有这样一个传统：有身份、地位的人在死后都会有一个谥（shì）号，用来评定逝者一生功过是非。根据逝者生平所作所为，谥号也便有了美谥和恶谥之分。朱元璋给朱檀的谥号是个“荒”字，鲁荒王也就成了朱檀的代称。很明显，“荒”是个贬义词，是个恶谥，说明在父亲朱元璋眼中，儿子朱檀是个荒唐的人。

朱檀死后，被安葬在邹城九龙山南侧。朱元璋派人给他修建了豪华的王陵，并选了1000多件（套）珍贵物品作为随葬，有家具、衣物、乐器、文房四宝、车马俑等，涵盖了生活的方方面面。也许作为父亲的朱元璋还是疼爱这位早逝的儿子吧。

余音绕梁

冕冠的本义是帽子，它的产生可以追溯到上古时期。早在石器时代，先民们为了遮蔽阳光，头顶一片较大的叶子，这或许就是帽子的原始形式。之后，出现了用兽皮或葛麻编制成的帽子，用于抵御风寒与遮光。

随着审美观念的发展，人们开始在帽子上装饰鸟兽冠角，地位越高的人帽子就越华丽。据说在上古时期的黄帝时代，黄帝就制作出了冕冠。周朝是一个讲究礼制的朝代，建立了一整套冕服制度。周朝礼仪规定，戴冕冠者都要身着冕服。冕冠成为只有帝王、王公等高等级贵族参加祭典等典礼活动时才能佩戴的特定礼帽。后世的多个朝代，也都沿用周朝规定的冕冠的基本样式和冕冠制度，

以穿冕服、戴冕冠为最高礼仪。元朝时，废除了冕服制度。等到明朝建立后，朱元璋恢复了冕服制度，并进行了进一步规范，这件九旒冕就是最好的体现。

总之，九旒冕作为中国现今发现的唯一一件完整的明初冕冠实物，填补了历史的空白，让今天的人们对古人的隆重礼仪的了解，不只停留在想象阶段，而是变得直观可感，它是当之无愧的国之瑰宝。

欢迎你到山东博物馆，亲身感受大明亲王的尊贵和威严，以及朱檀光鲜背后令人唏嘘的短暂一生。

郑和铜钟

现居地
中国国家博物馆

外形特征
高度差不多是成年人身高的一半，但质量相当于一个壮实的成年男子

属性
铜

个性签名
郑和第七次下西洋的直接见证

毛遂自荐

我是郑和铜钟，来自大明王朝。单看外貌，我与其他铜钟并没有很大差别，褐绿色的外衣古色古香，连体的双龙钮尊贵威严，钟身上的纹饰有八卦、如意、水波、回字，寓意平安如意，上部刻着“风调雨顺”“国泰民安”8个字，表达了为国祈祷、为民祈福的愿望。

当然，仅凭外貌不足以显示出我的与众不同，最能彰显我地位的是靠下的一圈铭文——大明宣德六年岁次辛亥仲夏吉日，太监郑和、王景弘等同官军人等，发心铸造铜钟一口，永远长生供养，祈保西洋往返平安吉祥如意者。54 个字写明我是明宣德六年（1431 年）由郑和、王景弘等军官为了祈祷出海平安吉祥而铸造的铜钟，也就是说，我是郑和第七次下西洋最直接的见证！

郑和从明永乐三年到宣德八年，也就是从1405年至1433年的28年间，先后7次率领庞大的船队出使西洋，是世界航海史上的空前壮举。宣德六年，郑和受皇帝之命第七次下西洋，船队从南京出发，经过江苏的刘家港抵达福建长乐后，在这里等候东北季风的到来。在此期间，他招募水手、修建船舶、祭祀海神。这时的郑和已经年过六旬，回忆起历次下西洋的惊心动魄，心绪久久难平。虽然他每次都能安然归来，但仍不免心有余悸，于是，特地铸造了我这口铜钟来祈求神明保佑。

星汉灿烂

15 世纪，世界进入到大航海时代，以迪亚士、达·伽马、哥伦布、麦哲伦为代表的航海家们扬帆远航，发现了很多在当时罕为人知的国家和地区。同时，以葡萄牙、西班牙、荷兰、英国、法国为代表的国家先后走上了崛起的道路，可以说，新航路的开辟改变了世界的格局。而在大航海时代之前 100 年，大明王朝就已经由郑和率领船队先后 7 次出海远洋，纵横于西太平洋和印度洋上，寻访亚洲和非洲 30 多个国家和地区，航程 7 万多海里，相当于绕了地球 3 周多，这一事件轰动了世界。

实际上，明朝并不是从一开始就支持海洋贸易。相反，明太祖朱元璋建立明朝不久后便颁布了“海禁”政策，禁止中国人赴海外经商，也限制外国商人到中国进行贸易活动。这与明朝刚刚立国，亟须发展经济，再加上沿海地区时有海盗侵扰有很大关系。后来，明成祖朱棣

登上皇位，江山稳固，经济发达，一派盛世景象。于是朱棣有了对外彰显明朝国威的念头（也有传言说他派人出海，其实是为了寻找被自己赶下皇位的明惠帝朱允炆）。

无论如何，朱棣开始投入大量人力、财力，派使臣出使他国，于是就有了轰轰烈烈的“下西洋”。这里的“西洋”主要是指印度洋和

西太平洋地区。

那谁是下西洋的最佳人选呢？时势造英雄，郑和登上了历史舞台……

风流人物

下西洋的最佳人选

郑和本来叫马和。从宋朝至元朝，马氏家族世代居住在云南，也算是当地的一个大家族。如果不是因为朝代更迭，马家平静安逸的生活应该会一直持续下去，马和或许会沿着父辈们的人生轨迹继续生活。然而，明洪武年间，朱元璋派军出征云南，年仅13岁的马和被辗转送到了燕王朱棣身边，成了燕王府的一个小宦官。朱棣起兵谋夺帝位之时，将马和派到军中。马和因足智多谋、精通兵法，立下了不少战功。朱棣即位之后，为表彰他在“靖难之役”中立下的汗马功劳，晋升他为内官监太监，还亲自书写了一个大大的“郑”字赐给他为姓。

皇帝赐姓是至高无上的荣耀，况且郑和的身份是宦官，早在明太祖朱元璋时就曾立下“宦官不得参政”的规矩，可见郑和在朱棣心中的位置是非常重要的。郑和也没有辜负皇帝的这份信任，他兢兢业业地工作，全心全意地回报朱棣的知遇之恩。所以当朱棣需要一个出使海外的人时，郑和站了出来。要知道，这可不是件美差，毕竟大海广阔、风云莫测，路途中有太多的未知，能否平安返航谁都说不准。但郑和觉得这是报答朱棣的机会，而且小时候种在他心中的那颗种子早就发了芽——他想到去过麦加的父亲给他讲的那些旅途故事，或惊心动魄，或神奇曲折，这些故事让他对航行十分向往，于是他自告奋勇，表示愿意前往。

朱棣再看这位从燕王府就开始追随自己的臣子，发现他已经成长为一名身材魁梧、有勇有谋的干将，他聪明能干且气度不凡，必定能完成皇帝交办的任务，扬大明国威。于是朱棣让郑和带领船队，开启了长达数十年的“下西洋”之旅。

苏门答腊国遇袭

郑和七下西洋是中国乃至世界航海史上的壮举，但 28 年的航海生涯并不是一帆风顺的，首航的担忧、海盗的侵扰、未知的恐惧……一系列的问题始终困扰着郑和。而且航海途经的国家，并非每个都会对他以礼相待，郑和曾卷入过别国内乱，也曾遭遇过袭击，经常身陷险境。

永乐十三年（1415 年），郑和第四次出使西洋，返航时，他的船队路过苏门答腊国，也就是今天印度尼西亚的苏门答腊半岛附近的地方。有一天晚上，郑和船队就在那里遭到了偷袭。

按理说，郑和一行仅舰队搭载的士兵就有近3万名，是谁会这么不自量力呢？说来也是不凑巧，郑和一行意外卷入了一场争夺王位的内乱。原来，苏门答腊国的老国王在对外战争中中箭身亡，而当时王子年幼，无法替父报仇。于是王后就对国人宣布，谁要是能领兵攻打敌国，替老国王报仇，她就嫁给谁，并推选他做新国王。重赏之下必有勇夫，果然有人站了出来，并且打败了敌国，成了新国王。但王子不干了，他不甘心自己的王位被别人抢了去，于是就杀了这位新国王。而这位新国王也有一个儿子，名叫苏干剌，他自立政权，寻找机会复仇。

就在苏门答腊国王位争夺的时期，郑和一行到来了。他带着大明的祝福，给现在的国王，也就是老国王的儿子，献上了厚礼。可这一做法惹恼了苏干剌。苏干剌觉得自己也应该有一份礼物，而且想到大明一直没承认自己的政权，越想越气，于是做了一个很不理智的决定——带兵袭击郑和的船队。

据《明实录》记载，面对苏干剌挑起战争的举动，郑和一开始并没有应战，因为他清楚地知道自己的使命是宣扬大明国威，是为沿线国家带来和平的，而不是来打仗的。可是苏干剌步步紧逼，出于自卫，郑和不得不“率众及其国兵与战”。身经百战的郑和一方面指挥大明将士沉着应战，另一方面与苏门答腊国的军队密切配合，很快就把苏干剌的军队打得溃不成军，苏干剌本人也被活捉。

像这样的事还有很多，所幸郑和带领的大明军队一次次化险为夷。郑和下西洋，加强了中国与西洋各地的联系，很多国家都在和他接触之后开始派使者来中国；同时，郑和也帮沿途各国人建造城池、驱逐海盗，传授造船、耕种、畜牧等技术。至今，马来西亚、印度尼西亚等国家和地区，还流传着郑和的故事和传说。

建庙铸钟以祈福

随着出海次数的增多，郑和对海神天妃的敬畏日益增长。每次出海前，他总要到附近庙宇祈福。

宣德六年（1431年），郑和再度领命，出使西洋十七国。他率领庞大的船队从南京前往太仓刘家港、福建长乐太平港，一路上对多处

天妃庙进行了修缮，以此祈求天妃保佑船队的安全。在福建长乐太平港等候季风期间，郑和在副手王景弘的陪同下到福建各地的寺庙行香布施。鉴于之前在此地建的天妃宫和南山塔寺已渐荒废，他便带领人开始重新修缮，并在天妃宫勒石立碑，这就是著名的《天妃灵应之记》碑。

碑文记载了郑和在重修天妃宫的同时，还在天妃宫一侧新建了一座三清宝殿，宝殿中立有一座金光闪闪的雕塑，殿内设有铜钟、铜鼓，用来祈求神灵的保佑。整个三清宝殿宏伟壮观，另有青松翠竹左右掩映，俨然一副人间仙境的模样。而郑和铜钟就设立在三清宝殿内，满载航海远行者的发愿祈福。

余音绕梁

明崇祯年间，三清宝殿被毁，后来长乐知县和乡绅对其进行了重修。清朝乾隆年间，该殿再次倒塌，但这次它再也没有迎来重修，殿内的郑和铜钟也移作他用。抗日战争期间，为避免珍贵文物落入日本人手中，郑和铜钟被转移到比较偏僻的福建南平。

1981年，郑和铜钟差点儿被当作废铜处理，所幸被及时发现，由南平市文化馆收藏。该馆馆员还前往郑和铜钟发现地进行调查，得知这口钟早年悬挂于雪山寺，因寺毁于火，后移至华光庙悬挂已有100余年。

当地群众把郑和奉为神明，视郑和铜钟为神物，至今该地仍流传着一个民间故事：郑和铜钟会显圣，它自己会到雪山寺旁的龙井窟游水，后又自己回到殿内悬挂起来，年复一年，从来没被人发现过。直到一年夏天，几个孩童在龙井窟边玩水，忽然看到水面金光四射、浪花朵朵，又听到水里传来悦耳的声音。他们感到惊奇，便往水中扔石头，结果击中铜钟，铜钟立即飞回雪山寺内，顿时风平浪静，翻卷的水浪和奇怪的声音全都消失了。好奇的孩子们为了探明真相，赶到雪山寺，果然见到铜钟仍悬于殿内，但仔细一看，发现钟身有一处裂纹。从那以后，人们就再也见不到铜钟到龙井窟游水去了……

玉叶组佩

现居地
湖北省博物馆

外形特征
通高 59 厘米，质量 329.3 克

属性
玉

个性签名
我是皇帝御赐的“金枝玉叶”

毛遂自荐

我是玉叶组佩，由多件玉器串联而成。我身上的组件多达49件，每一件都精致而华丽，合在一起更是精美绝伦，更不用说这些组件暗含的寓意了。32片玉叶两两一组，每行4组，共有4行，代表着金枝玉叶；上端的4个玉瓜象征瓜熟蒂落；中间2行的4个玉桃和4个玛瑙石榴分别寓意平安长寿、多子多福；下端的2条玉鱼和2只玛瑙鸳鸯分别象征富贵有余、百年好合；中间还有1件起着分割、稳固作用的玉珩（héng）。每件小的饰品上都有一个孔，用来穿黄丝线。我身上的每件组件都有着美好的寓意，这与我是御赐的礼物有很大关系。金枝玉叶、百年好合、多子多福、瓜熟蒂落，这些词连在一起，你能猜到我是什么礼物吗？

我还有一个名字，叫作“玉禁步”，简单来说，就是约束女子走路步伐的玉佩饰。设想一下，佩戴上如此体量、如此质量、如此繁复的玉禁步，也只能款款而行了。当然，约束是一方面，更多的还是身份、地位的体现。这组玉叶配饰是明宣宗赏赐给梁王朱瞻垍（jì）的王妃的礼物。

遥想当年，梁王府大摆筵席，迎娶我的主人——民女魏氏，明宣宗朱瞻基特意送来了许多金银珠宝以示庆贺，其中就包括我……

星汉灿烂

明朝建立后，实行封藩制度，制定了一套完整的嫡长子继承体系，用来确保皇室权位的世袭形式，比如嫡长子为太子，其余各皇子被封为亲王，亲王的嫡长子立为亲王世子，亲王诸子被封为郡王，依此类推。不过明朝的封藩制与西周的“封建亲戚，以藩屏周”不同，明朝的分封是不

给土地的，只是给予爵位、赏赐俸禄，被封者不能参与地方政事、管理民众，以此来确保中央政权的集中、稳固。据统计，从明洪武三年（1370年）分封亲王开始，明朝在全国各地共建立了50多个亲王府，共册封了289位亲王，而郢王、梁王、兴王先后被封于钟祥。

话说钟祥可不是一个普通的地方，明朝的第十一位皇帝——明世宗朱厚熜（cōng）就出生在这里。他原是兴王的小儿子，在世袭了父亲王位不久之后，竟奇迹般地当上了皇帝。兴王之前，分封于此的是梁王朱瞻垍，他一生虽无显赫功绩，但去世后却留下了一段凄婉动人的故事。

风流人物

跨越层级的爱情

朱瞻垍14岁时被封为王，一生养尊处优，他的正妃很早就去世了，他一直没有再纳妃，直到认识了魏氏。

魏氏平民出身，但是她明眸皓齿、美貌出众，而且聪慧异常、善解人意，梁王便义无反顾地爱上了她。明宣德八年（1433 年），朱瞻垍 22 岁，魏氏 20 岁，他们这段爱情终于修成了正果，魏氏嫁给了朱瞻垍，被封为继妃。在欢庆喜气的大婚之日，明宣宗朱瞻基特意送来了许多金银珠宝以示庆贺，其中就包括这件玉叶组佩。

婚后，朱瞻堉与魏氏相亲相爱，经常一起吟诗作赋，生活幸福、快乐。

忠义有情，抚养幼女

然而，好景不长。在朱瞻堉 30 岁的正月里，上自皇室王族，下至平民百姓，都沉浸在新春的祥和喜乐中，只有梁王府一片凄凉。朱瞻堉生病了，他已经卧床很久了。皇帝亲自派了御医前来诊治，魏氏也日夜不离地在他身边服侍，但是朱瞻堉的病却没有丝毫起色，正月十二日，他病逝了。

魏氏悲恸欲绝，想到曾经与朱瞻埈相处的点点滴滴，觉得生活已经没有意义，便生出了殉情的念头，幸好被贴身丫鬟发现，及时制止了她。当时明朝在位的皇帝是明英宗朱祁镇，他得知消息后，特意降旨，希望魏氏能够活下去。虽然她没有诞下一儿半女，但朱瞻埈还有两个幼女，皇帝希望魏氏能够抚养幼女长大。看到年幼的孩子，魏氏也不忍心抛下她们独自离去，于是她强忍悲痛，放弃了殉情的念头。

不知不觉，10 年过去了，当初的幼女已经长大成人。魏氏觉得自己的使命完成了，她要追随朱瞻埈去了。临终前，魏氏特意交代，死后要与丈夫合葬在一起，同穴同室，所谓“生前相伴，死后相随”。当时由于石门无法打开，人们只能将西扇石门撞破，进入墓内，在朱瞻埈的棺床西侧，用砖接砌一座棺床来安置王妃的棺柩。奉安完毕，人们又把破损的西扇石门搬出墓外，制作了一扇漆木门代替石门。

由于梁王膝下无子，没有人能继承梁王府的财产，所以众多财宝便同梁王和王妃一起埋葬在陵墓之中。

余音绕梁

500多年后，在世纪之交的2000年，一伙盗墓贼企图用炸药炸开梁王的墓葬，但两次都未得逞，还惊动了当地百姓。为了避免墓葬遭到更大破坏，2001年，湖北当地文物部门还是决定对其进行抢救性发掘。当地人俗称的“龙山坡”王墓就这样重现于人间，墓中出土的随葬品有金、银、玉、宝石、铜、铁、铅、锡、瓷、陶、石、骨角器等共计 5300 余件，其中金、银、玉器有 1400 余件，珠饰宝石则多达 3400 余件。喝酒用的金壶、金爵，吃饭用的金盂、金箸、金漏勺，镶着宝石的耳环、簪子、坠饰、镯子，就连梁王的腰带都是非金即玉，它们光亮如新，惊艳了时光，也震惊了世人。

值得注意的是，墓中共出土了玉组佩 4 副 8 挂，包括玉珠组佩 3 副 6 挂和玉叶组佩 1 副 2 挂，总共由 2584 件玉配饰组成，它们均是梁王和王妃魏氏生前的饰品，足可见其生前的华丽与尊贵！

虽然梁王和王妃的尸骨已不复存在，但熠熠生辉的“金枝玉叶”还是为我们还原了王妃魏氏有情有义的人生故事。

封藩制

朱元璋在建立明朝的同时，正式确立了封藩制。封藩制是将自己的诸子和个别宗室封为藩王，让他们率领精兵分驻全国要塞，是强化皇权的一个重要措施。有明一代，全国一共册封了 289 位亲王。后来，藩王受到优待和特权的副作用日益凸显，最终成为明朝灭亡的因素之一。

斗彩鸡缸杯

现居地
故宫博物院

外形特征
大约一个苹果大小

属性
瓷

个性签名
一直被模仿，从未被超越

毛遂自荐

我是一件饮酒用的瓷杯，价值连城，我的兄弟们存世的不到10件。自出生之日起，我就是名贵之物，后世不少皇帝因为喜欢我，而命令景德镇御窑厂进行仿烧，导致有很多我的“仿冒者”出现。

我的名字叫斗彩鸡缸杯，我出生在明朝成化年间。斗彩是令我诞生的装饰工艺，而鸡缸杯是指我身上的图案和我的造型；在我身上绘有鸡啄食的图案；我个头儿不大，只有一个苹果大小，你刚好能单手把我握在手心里。

小小的我身体线条流畅，给人一种精巧雅致的感觉。这是因为制作我的工匠在我的造型细节之处都有贴心的设计。我外部的口沿，开口度能最大限度地便于饮用，且能让里面的酒不易洒落；而较浅的腹部，一次能装50毫升的酒，容量恰到好处。碗足设计成卧足，这样能更贴合手心，用的时候更安全。在我的杯底中心处用青花绘双线方框，方框内用楷书双行竖写“大明成化年制”6

个字。这 6 个字的“款识”就相当于我的身份证，证明我的出身。

斗彩工艺

也许你注意到了我名字中的“斗彩”二字，它们是不是有些陌生？这其实是我所使用的一种制瓷装饰工艺。斗彩又称逗彩，是一种釉下青花和釉上彩相结合的装饰工艺，所谓“釉上”“釉下”，其实是指瓷器上釉的前后不同。先画彩再上釉，彩自然就在釉料的下面，所以称“釉下”，反之则为“釉上”。

斗彩起源于明朝宣德年间，但真正成熟并大放异彩是在明朝成化年间。做一件斗彩瓷器要经过一套复杂的工序。具体做法是在瓷坯外壁上，先用青花颜料轻轻地描出纹饰的细轮廓线，后上一层透明的釉，放入瓷窑经 1300 摄氏度左右的高温烧成；再用红、绿、黄等色颜料在釉面上填满之前预留的青花轮廓纹饰；最后二次放入炉具用 800 摄氏度的低温焙烧一下。等到出炉后，这

件斗彩瓷器上就会出现青、红、黄、绿等多种颜色。关于斗彩名称的来源，有多种说法，尚无定论。

子母鸡图

在我的外壁上绘有一幅温馨的子母鸡图。子母鸡图，最早兴于宋朝的画作上，但画在瓷器上则是从明朝成化时期开始的。我身上的整个图案可以分为两组小鸡“家庭”在玩耍的场景：一组场景绘着一只昂首傲视的公鸡在前开道，一只母鸡在教两只小鸡怎样啄食蜈蚣，后面还跟着两只正在追逐玩耍的小鸡；另一组场景绘有一只引颈啼鸣的公鸡，一只母鸡正在和三只小鸡啄食一只蜈蚣。在两组场景之间还有湖石、草丛，景色优美，一派初春的景象。

令人赞叹不已的是，制作者对色彩的运用恰到好处，巧妙地在要

表现的物体上运用了多种色彩。比如：以青花画出湖石的蓝色，用鲜红画出花朵，把叶片画成水绿色，用鹅黄、姜黄色填涂出小鸡身体，又以红彩点画出鸡冠和翅膀，使整个子母鸡图的图案看起来形象生动，情趣盎然，给人一种温馨可爱的观感，宛如一幅绘制精巧、色彩宜人的水彩画。

那么，明宪宗朱见深为何会用斗彩工艺把这么一幅子母鸡图放在自己用的瓷杯上呢？这就要从我生活的时代和明宪宗的生活经历中寻找答案……

星汉灿烂

明朝在经过土木之变的重创后，百废待兴。

刚即位的明宪宗朱见深是明朝第八位皇帝，他是一位英明而宽仁的皇帝，任用贤明的大臣治国理政，还主动为百姓减免赋税。在他的治理下，社会经济渐渐复苏。

从明初洪武年间开始，为保证宫廷所需瓷器的供应，朝廷开始在江西景德镇设立御器厂（清朝时称“御窑厂”），生产制作宫廷瓷器。从永乐年间起，明清历代皇帝开始了烧制宫廷用瓷大都会注明皇帝年号、款识的传统。明朝官窑以宣德、成化两窑成就最大，其中宣德窑烧制的青花瓷器最好，成化窑烧制的斗彩瓷器最佳。

成化窑瓷器博采众长，从历代不同的制瓷技艺上吸取经验，开创了官窑瓷器的彩瓷时代。此外，宫廷中还汇聚了一批技艺高超的书画师，把南宋的绘画风格带到了瓷器图案上，因此成化窑又增添了更多中国传统文化的味道。

这种制瓷风格的转变和创新，与成化时期制瓷工艺的发展和明宪宗朱见深的个人品味有密切的关联。

风流人物

我的主人是明宪宗朱见深，关于他为何会在御用瓷杯上画子母鸡图，专家们普遍认为跟他童年坎坷又戏剧的经历，以及与万贵妃那一段旷世奇恋有关。

坎坷童年

朱见深早在孩童时期就经历了人生的大起大落。在他两岁那年，他的父皇明英宗率领50万大军御驾亲征北方的瓦剌。按照明朝的制度，皇帝出征需要太子临时掌管国家，年幼的朱见深就这样被立为太子。但不幸的是，明英宗遭遇了土木之变，成了瓦剌的俘虏。瓦剌率军南下反攻，一时间大明朝陷入了生死存亡的关头。此时更需要一位有能力的皇帝来主持局面。于是，于谦等大臣与朱见深的奶奶——孙太后商议，决定拥立朱见深的叔叔——郕（chéng）王朱祁钰（yù）为皇帝，明英宗则成为名义上的太上皇。

但这个叔叔对朱见深不怎么好，2 年后便废了他的太子之位，改立自己的儿子为太子。朱见深小小年纪便尝尽了人情冷暖。

面对他这个废太子，所有人都避之不及，就连朱见深的生母周贵妃，也怕给自己招惹麻烦，对他避而不见。年幼的朱见深，从众星捧月到无人问津，生活发生了翻天覆地的变化。在这段最黑暗的时期，唯有一位名叫万贞儿的宫女不离不弃、始终如一地照顾着他，陪他熬过了人生最困难的时期。因此朱见深对万贞儿有着共患难的感情。

5 年后，命运又一次眷顾了朱见深。他的父亲明英宗发动政变成功抢回了皇位，朱见深又恢复了太子的称号。

旷世奇恋

天顺八年（1464 年），明英宗去世，18 岁的太子朱见深即位。刚一即位，他便迫不及待地想要封一直陪伴自己的万贞儿为皇后，但迫于形势，只能封她为贵妃。

当时的皇后吴氏因不满朱见深独宠万贞儿，伺机借故处罚了万贞儿。朱见深知道此事后，怒不可遏，竟不顾满朝文武大臣和皇太后的反对，执意下旨废了皇后吴氏。

朱见深这种抬升低等的嫔妃、废掉尊贵的皇后的做法，在明朝历史上是绝无仅有的，甚至在整个中国古代史中也是极其罕见的。世人或许不能理解，但对于朱见深这位少年天子来说，年长自己 17 岁的万贞儿不仅是患难与共的伴侣，也是有再生之恩的恩人，他愿倾尽所有讨她欢心，报她恩情，而斗彩鸡缸杯的出现其实就和万贞儿有关。

朱见深热衷书画，据说他无意中发现了一幅叫《子母鸡图》的宋朝名画，很是喜欢画中那 1 只母鸡带着 5 只刚孵出不久的小鸡漫步啄食的场景。就是这个简单的画面让朱见深联想到自己的童年生活，以及万贞儿对自己的陪伴和照顾。于是朱见深当即提笔在这幅画上写了

一首七言诗，赞颂了母鸡对小鸡的呵护之情。他还命人叫万贞儿一起来欣赏。看到画的万贞儿马上就懂了皇帝的意思，她见朱见深如此喜欢这幅《子母鸡图》，就提议把它作为纹饰图案画在御用的瓷器上，这样能天天见到，时刻把玩。朱见深很赞同这个想法，便秘密下令景德镇御器厂根据《子母鸡图》烧制一批斗彩鸡缸杯，准备作为礼物送给万贞儿。

当烧制出来的斗彩鸡缸杯送到万贞儿的面前时，鸡缸杯那洁白细腻的胎质、寓意特殊的纹饰、精心别致的颜色立刻博得万贞儿的喜爱。

后来，万贞儿不幸先于朱见深离世，伤心的朱见深时常拿着鸡缸杯睹物思人，不到一年，正值壮年的他也离世了。

余音绕梁

斗彩鸡缸杯自问世以来便是千金难求的名贵珍品。最早记载斗彩鸡缸杯价值的古籍是100年后的《神宗实录》：明神宗朱翊（yì）钧御桌上有成化斗彩鸡缸杯一对，值钱10万。意思是这对鸡缸杯值10万枚铜钱。10万枚铜钱在当时是什么概念？按照当时的物价记载，10万枚铜钱可以买六七十亩地，可产上千石米，在当时，37石米就可保证一个中等之家一年衣食无忧，鸡缸杯的珍贵程度可想而知。

斗彩鸡缸杯是明宪宗朱见深的御用酒杯，烧造时都是高标准、严要求，导致能烧出来的成品很少。除此之外，还要再经过一轮宫内的精心挑选，只挑最好的成品进献给朱见深，落选的成品则统统要被销毁，因而斗彩鸡缸杯流传到民间的数量极少。自明朝以来，斗彩鸡缸杯便千金难买。

即使到了现在，斗彩鸡缸杯依然深受收藏家们追捧。另有同款的斗彩鸡缸杯曾于 1980 年和 1999 年拍卖，均刷新了当时中国瓷器的世界拍卖纪录。最近的一次拍卖纪录是在 2014 年诞生的，斗彩鸡缸杯以 2.81 亿港元的天价刷新了中国瓷器的拍卖纪录。

斗彩鸡缸杯作为成化斗彩的巅峰之作，是中国乃至世界陶瓷史上的彩瓷之光。其问世不单是工艺创新的结果，更因隐含的这段旷世奇恋而被后人津津乐道。

黄缂丝十二章“福寿如意”衮服

现居地

定陵博物馆

外形特征

朱翊钧身高 170 厘米左右，这是他的大码袍服

属性

丝绸

个性签名

我就是传说中的“龙袍”

毛遂自荐

我是黄缂（kè）丝十二章“福寿如意”衮（gǔn）服，是不是被我超长的名字震撼到啦？容我来解释一下我的名字。如果龙袍指皇帝衣服的话，那衮服就是龙袍里最高级的那一种。皇帝在祭祀天地、祖先，以及重大节日庆典的时候都会穿着衮服。在发掘明神宗朱翊钧的陵墓——定陵时，我和我的4位“龙袍伙伴”一起出现在了大家的面前，我是保存较好的那一件。

十二章“福寿如意”是指我身上的纹饰，十二章纹分别是山、龙、华虫、日、月、星辰、宗彝（yí）、藻、火、黼（fǔ）、黻（fú）和粉米。其中日、月、星辰图案装饰在衮服的肩部，这是寓意皇帝肩挑日月，背负星辰。其他几种图案也都有着各自的吉祥寓意。“福寿如意”纹是指我身上的256个寿字、271个如意纹饰和很多蝙

蝠纹饰。除了这些，我身上还有 12 个团龙图案。

缂丝是从宋朝以来皇家御用的织物，常常用于织造皇帝和皇后的衣服。缂丝工艺非常昂贵，向来有“一寸缂丝一寸金”的说法，而我整体都使用了这种工艺，工人们把我打造得异常华丽。

刚出土的时候，发掘我的考古队员们都说我金光闪闪，因为除了缂丝工艺外，我身上还大面积地使用了金线。“集万千财宝于一身”说的就是我。据说，当年为了制作我，十几个熟练的工匠花了十几年的时间才完成，当然，这一切都离不开当时整体水平比较高的纺织业。

星汉灿烂

朱翊钧在位 48 年，是明朝在位时间最长的皇帝。但是他中年时，身体不是很好，很少上朝，史书记载他 30 年不上朝。在人们的印象中，一般皇帝长期不上朝，国家一定衰败了，但是万历皇帝不上朝，国家却能正常地运转，经济也持续快速发展，这是怎么一回事呢？

在朱翊钧统治期间，尽管皇帝的作用没有那么突出，但是有内阁的存在，内阁首辅通常可以正常地处理朝廷的各种事务，如果遇到大事或者情况紧急的事件

时，内阁的大臣会先拿出一个初步的方案，交给皇帝，请求批示。皇帝虽然不上朝，但他并不是不理朝政，他还是会照常批阅奏章。

在朱翊钧统治时期，因为他对政权和国家的控制有所减轻，工商业在这种相对宽松的环境中得到了进一步发展，织造业便是其中的典型。

当时，南京、苏州等地方的织造业都很发达，当地有许多颇具规模的作坊，甚至还有专门的政府机构去管理纺织事宜，朝廷派下来的织造任务便由这些作坊完成，这件衮服就是任务之一。

但是，这么漂亮的一件衮服，朱翊钧却一直将它闲置，几乎没有穿过，这是怎么一回事呢？

风流人物

朱翊钧幼年的时候非常聪慧，深得父皇宠爱，他的母亲李氏反而对他十分严厉。每次朱翊钧结束了一天的学习后，李氏总是还要再考他一遍所学的内容，如果出了差错，就会严厉惩罚他。

朱翊钧做皇帝的前10年，由于他的年龄比较小，所以由母亲李太后听政，由内阁首辅张居正主持、处理日常的事务。在小皇帝和李太后的全面支持下，张居正实行了大刀阔斧的改革，让社会有了很大的发展,百姓的生活质量也提高了许多,史称“万历中兴”。

张居正过世之后，朱翊钧开始自己掌管政事。一开始，他生活节俭，励精图治。百姓都称赞他的圣德，说他是位好皇帝。那时候的朱翊钧每天工作10多个小时，大大小小的政事他都亲自处理。在他的统治下,国家将“万历中兴”时的盛况延续了下去。

后来，朝廷中发生了一件事：朱翊钧想立自己的三儿子当太子，但是朝中大臣们按祖制坚决拥护嫡长子为太子，并批评朱翊钧的做法有违伦理。面对大量的持反对意见的奏章，朱翊钧倍感压力，迫不得已只好收回旨意。这件事可能深深地伤害了他，朱翊钧觉得自己说服不了大臣，再加上他多年来身体并不是很好，所以在此后的30年时间里，他不见大臣，不出宫门，不上朝听政，不祭天地，不拜宗庙。

后来，东北的女真族悄悄地崛起了。为了稳定朝局，朱翊钧举兵进攻女真族，但是在萨尔浒之战中，明军大败，今天辽宁的部分地区被女真族夺了去。这场战争失利之后，朱翊钧每日郁郁寡欢，过了一年便去世了。

看到这里，相信你已经有答案了，30年里，朱翊钧连宫门都不出，更别提参加最高等级的礼仪活动了，这件衮服没有机会穿，所以被闲置了下来。朱翊钧在遗诏中写道，“比缘多病静摄有年，郊庙弗躬，朝讲希御”，意思是他自己身染重病，不得不静养，所以不能去祭祀天地与先祖，也不能每天上朝听政。“嘉与天下维新，而遘（gòu）疾弥留”，这里讲到他也想改过自新，与百姓共享太平，却一病不起。朱翊钧觉得自己得了重病，可是大臣们却不相信，认为他是找借口不上朝。

随着定陵的发掘，考古学家找到了朱翊钧的遗骨。他的右腿处于一种蜷缩的状态，明显有些不正常。考古学家对他的遗骨进行研究后发现，他的右腿比左腿短了一截。这种情况表明，朱翊钧可能患有比较严重的足疾，这就可以解释他经常提到的“足心疼痛，步履艰难”了。

所以，作为皇帝的他，可能也不愿意穿着华丽的衮服，却一瘸一拐地参加国家最高规格的活动，毕竟有失皇家的威严，这可能也是这件衮服闲置的原因之一。

余音绕梁

1956 年，郭沫若带领考古队来到明成祖朱棣的长陵前，准备对长陵进行考古发掘。但由于长陵过于庞大，考古队忙了一个多月都没有找到地宫的准确位置。无意之中，一位村民找到一块石碑，于是他把石碑上的文字拓印下来，交给了考古队员。考古队员看完之后，十分震惊，因为石碑上的三个字正是“隧道门”，他们赶忙跑到石碑的发现地继续进行发掘，没想到，不久后便发现了朱翊钧的定陵外围墙壁。

考古队在定陵中发掘出了 3000 多件文物，但是由于当时没有先进的文物保护技术，部分文物没能很好地保存下来。很多丝织品刚打开时金光闪闪，但是一遇到空气就立刻碳化，变成了黑色的碎渣，太多的奇珍异宝遭受了无法修复的损坏。面对这惨痛的教训，国务院迅速发布通知，“目前（1997 年），由于文物保护方面的科学技术、手段等条件尚不具备，对大型帝王陵寝暂不进行主动发掘”，坚决制止了这种不正常的发掘之风。从此之后，中国的考古学者都严守这一规定。

直到现在，国家也不会主动发掘帝陵。

这件衮服当时在陵墓中是垫在朱翊钧遗体下面的，出土时已成残片，图案也模糊不清。后来经过文物专家的装裱、修复、复原，才基本恢复了其形状，同时文物专家也制作了一件复制品，用作公开展出。如今你可以在首都博物馆见到这件黄缂丝十二章“福寿如意”衮服的复制品。

衮服

衮服是明朝皇帝最尊贵的礼服，与冕冠合称为“衮冕”，是皇帝在祭天地、宗庙及参加正旦、冬至、圣节等重大庆典活动时穿用的礼服。

“子刚”款青玉合卺杯

现居地
故宫博物院

外形特征
与水杯差不多高

属性
玉

个性签名
真正的“永结同心”

毛遂自荐

你有没有参加过婚礼呢？有没有见过新郎、新娘喝交杯酒这个仪式？这可是一个历史悠久的传统，寓意新人夫妇从此永结同心、同甘共苦。在古代，人们把喝交杯酒的仪式叫饮“合卺（jǐn）酒”。“卺”的本义是指剖开葫芦后形成的瓢，最初古人饮合卺酒时是把一个葫芦剖成两个瓢，里面盛满苦酒，新郎、新娘各拿一个瓢来饮酒，以此象征夫妻合二为一，自此同甘共苦。现在的人很少使用合卺杯喝酒，而是逐渐演变成喝交杯酒，即新人各执一酒杯，手臂相交而饮。

饮合卺酒的习俗始于周朝，饮酒的器物最早是葫芦做的，后来就陆续出现了漆、青铜、玉等其他材质的合卺杯了，并且越来越精美。我就是一件专门

用来饮合卺酒的杯子，是用上好的青玉料制成的。更厉害的是，我是由当时顶级的治玉大师为皇帝大婚特制的，我被誉为中国等级最高、制作最精美的玉制合卺杯。

我的身高仅有8.3厘米，小小的身躯处处体现制作者的匠心独运。我由两个圆筒形杯连接而成，杯底是6个怪异的兽首。在两筒杯身之间，镂雕一只凤凰当作杯柄，另一侧雕有两只既似蛇又似龙的蟠螭。凤凰和蟠螭这两种上古神兽，使我看起来高贵非凡。

两个杯筒上下都刻有一圈绳索纹，好似将两个杯筒牢牢地捆扎在一起。两个杯筒其实是一种象征性的表达，寓指一对新人；而用绳索纹捆绑在一起，则寓意新人百年好合，永结同心。

绳索纹打结的地方有一枚方形的图章，上面有用隶书刻成的“万寿”二字。一侧的杯口沿刻着“合卺杯”，下面有一首诗，落款“祝允明”；另一侧杯口沿刻“子刚制”，下面也刻有一首诗。两首诗既表达了对新人大婚的美好祝愿，又增添了我文雅的气质。小小合卺杯真是缊藏了诸多精湛绝妙之处，让人感叹：不愧是出自治玉大师之手的上乘佳作！

说了这么多，你肯定要问，这位治玉大师究竟是谁？他是如何制作出我的？这要从我出生的时代和我的制作者传奇的一生讲起。

星汉灿烂

明朝的玉器制作继承了宋、辽、金、元四朝的成就，迈向了一个新的高度。

明朝中期，政治稳定，经济发展，社会上出现了一股“玉器热”，上自宫廷、官府，下至平民百姓都喜欢收藏和使用玉器，一时间玉器十分畅销，供不应求，玉器制作成为一个赚钱的热门行业。这样一来，投身于玉器制作的人越来越多，玉器的制作工艺也越来越好，做出来的产品也越来越精美。

这件青玉合卺杯诞生在明朝后期，此时的商品经济高度发展，人们在市场上能买到各种各样的商品，玉器成了一种流行的商品。

元朝玉器的制作由政府设立的机构垄断经营，但明朝解散了这种官营机构，允许民间制作玉器，民间的玉器生产就活跃了起来，全国出现了北京、苏州、扬州、杭州等几大治玉中心。而当时全国最有名的治玉产地是苏州一处叫专诸巷的地方。别看这个巷子不大，却聚集了一批顶级的玉匠，就连皇宫的玉匠高手也大多出自此地。

这件青玉合卺杯的制作者也出自这里，他在此苦心修炼治玉技术数十年，技艺炉火纯青。而且很幸运的是，他留下了姓名，让后人不仅能领略到他作品的风采，更能走进他的传奇人生。

风流人物

治玉大师在这件青玉合卺杯上留下了“子刚制”三个字，人们据此知道我的制作者就是明朝的陆子刚。陆子刚生活于明嘉靖至万历年间，苏州太仓人。他一生从事玉器制作，是中国玉雕史上最负盛名的艺术大师之一。

在中国古代，玉匠的地位低下，玉匠间也没有什么品牌竞争意识，导致历代镌刻制作者名款的玉器作品十分少见，但陆子刚是个例外。或许是对自己的作品足够自信，他喜欢在玉器作品的隐蔽处刻上自己的名字，如“子刚”“子冈”“子刚制”等落款。

明清两朝治玉工匠有姓名传世的名家有二三十人，但没有人敢效仿陆子刚在自己的作品上刻上名字，可见陆子刚对自己的技术和作品是多么有底气。

陆子刚还是个创作先锋，他的作品一改过去明朝玉器陈腐俗气的缺点，选用精美的玉料，采用高超的玉雕技法，创造性地将诗句、印章、书法、绘画等元素融入玉雕作品中，为中国的玉雕工艺开辟了一个新的艺术领域。

查阅《苏州府志》《太仓府志》，能找到不少关于陆子刚治玉技术高超的记载。书中记载陆子刚制作的玉器件件都是精品，受到世人的追捧。有一次他制作了一批水仙玉发簪，玲珑奇巧，花茎细如毫发，深受女子喜欢，一支玉发簪卖出白银56两的天价，还供不应求。后来，技艺高超的陆子刚声名远扬，得到明朝皇室的赏识，被特招进皇宫里做玉器。

皇帝久闻陆子刚大名，想亲眼见识一下他的技艺，给他出了一个难题。皇帝拿出一只玉扳指（套在大拇指上的环状物），要他在上面雕出百匹骏马来。这可难不倒陆子刚，没几天他就完成了。皇帝一看，玉扳指上只有三匹骏马，除此之外，是崇山峻岭和打开的城门。只见一匹马已到城门并向城里奔去，一匹马正奔向城门，还有一匹马在山谷中刚露出马头，仿佛后面还有千万匹骏马即将奔来。原来聪明的陆子刚巧妙地运用了以虚写实的技巧，出色地完成了皇帝在小小玉扳指上刻百骏图的要求。皇帝看完后对陆子刚赞赏有加，并把为皇室大婚雕刻合卺杯的任务也交给了他。交付的成果你已经看到了，他又一次出色地完成了任务，制作出这件令世人夸赞的青玉合卺杯。

讲了这么多，你肯定好奇这件青玉合卺杯是为哪一位皇帝大婚时制作的。关于这一点，史书中并没有明确记载。根据陆子刚生活的年代推算，最早使用这件青玉合卺杯的皇帝可能是明朝的朱翊钧。杯子制成后，一直在皇宫中作为婚礼上的重要道具，很有可能使用过它的皇帝不止 位。

紫禁城中皇帝用的合卺杯也不止这一件，清朝乾隆年间，还制作过一件白玉云纹鹰熊合卺

杯，据此也可以看出皇家对这项仪式的重视。

余音绕梁

陆子刚并没有因为为皇家制作玉器而飞黄腾达，传闻他不到 60 岁时忽然有了出家的念头。于是他出家为僧，不再理会俗事，直到去世。

不知道为什么，陆子刚没有收徒弟，于是“子刚死，技不传”，他精湛的技艺从此没有了传人。但陆子刚的名气太大了，导致后世出现了很多仿冒子刚款的玉器，尤其是子刚款玉牌。

以上就是“子刚”款青玉合卺杯的故事了。欢迎你到故宫博物院来，感受治玉大师陆子刚的匠心独运。

《荷石水鸟图》轴

现居地
故宫博物院

外形特征
纵 127 厘米，横 46 厘米

属性
纸

个性签名
满幅都是国破家亡的愁与恨！

毛遂自荐

我是一幅由八大山人创作的画作。8 个人画一幅画？其实，“八大山人”并不是 8 个人，而是画家朱耷（dā）给自己取的名号。俗话说，“画如其人，人如其画”，从一个人的画可以了解一个人的内心世界。那就先让我来自我介绍一下吧。

我是一幅中国传统的水墨画，主体由怪石、水鸟和荷花三部分组成，画面的下端是一块突兀的石头，它的造型很奇怪。只见它呈倒立状，头重脚轻，感觉它在松软的泥潭中就快要倒下了。怪石的上边站立着一只水鸟，它单脚站立，全身蜷缩在一起，好像受到了什么惊吓。水鸟微眯着眼，似乎万物都入不了它的眼睛，又似乎随时准备逃走。水鸟头顶上方的一片荷叶似乎在为它遮风挡雨，但细细品味，又好像是乌云压境，难怪把水鸟吓得厉害。画面右上角，几株荷花随风摇曳，寒风中，枯黄的荷叶早已破败不堪，但仍旧尽心守护着盛开的荷花。

其中有一朵纤细的荷花，傲然挺立于凄冷的寒风中，也不知它能挺立多久，但至少此刻，它是最有生命力的。

我的作者在左上角留下了自己的署名——八大山人，但这 4 个字看起来有点儿像“哭之”，又有点儿像“笑之”，大概是不经意地透露了主人欲哭无泪、哭笑不得的痛苦心情吧！

我画面上的内容就是这些，看完你有没有感受到一种压抑和痛苦的情绪？这正是我的作者想要传递的。人们都说，画面中的水鸟分明就是作者本人真实的写照：踩在摇摇欲坠的怪石之上，头顶残败的荷花又形单影只的水鸟，就如同惴惴不安的脚踩被敌人占领的土地之上的作者。目之所及都是新世界，可这新世界与自己又有何关系呢？不如闭上眼睛吧，即便是黑暗也比眼前景来得舒服。那么究竟为何，作者会如此痛苦而满怀仇恨呢？这得从作者所处时代国破家亡的故事说起……

星汉灿烂

明末清初，王朝更替，社会变动异常剧烈，民族矛盾也十分尖锐。在这动荡不安的时代，有一批人，他们寄情于画，或隐遁山野，或皈依佛门，他们是明朝的“遗民”，不想融入新的时代，只能在自己的一方乐土，用画作来抒发自己的情感。他们被称为“遗民画家”，是中国绘画史上的怪杰。

朱耷，本是明太祖朱元璋第十七子朱权的九世孙，最早分封于江西南昌。到他这一辈，家道已经没落。朱耷出生时，耳朵特别大，父亲就随口给孩子取名为朱耷，“耷”就是大耳朵的意思。这时候的明朝就像狂风暴雨中的一叶小舟，随时都有覆灭的可能，作为明皇室后裔，朱耷的父亲实在没有心思给刚刚出世的儿子取一个响亮、好听的名字，所以他有了这个有点儿随意的名字。

但作为书画世家的皇族，朱耷在成长过程中也深受艺术的滋养。他的祖父是一位诗人兼画家，父亲也擅长画山水、花鸟。朱耷天资聪颖，8岁便能作诗，11岁就能画出青山绿水。少年朱耷雄心勃勃，立志要有一番作为。按照明朝当时的规定，宗室子孙是不能参加科举考试的，但他毅然放弃爵位，以平民身份参加科举考试，15岁就考上了秀才，受到乡亲、师长们的交口称赞。

试想，如果明朝没有灭亡的话，朱耷这一辈子应该也不会为衣食发愁，可他生不逢时，他的前路是无尽的苦难和折磨。19 岁时，他的国家灭亡了；20 岁时，南昌陷落，家中 90 余口人尽被屠戮，只有他一人逃出。这一系列的打击让他心灰意冷，内心充满了国破家亡的愁与恨！他曾写过一副对联：“愧矣！微臣不死；哀哉！耐活逃生。”满是偷生的痛苦。

此外，作为明朝皇室后裔，他在清朝统治者眼中也是一个危险分子。清朝统治者想尽办法想要除掉他，他也只能装聋作哑、隐姓埋名，削发为僧、遁入空门，后来又居住在道观里，过着颠沛流离、东躲西藏的生活。

风流人物

“疯和尚”

为了逃避清朝官府的追捕，朱耷曾躲到寺院里当和尚，但他也没什么心思打坐念经。每每想到明朝亡了国，自己还得隐姓埋名提防清兵的追捕，心里就又气又恨。他本来就不爱说话，这一来，就更少言寡语了。一些清朝官员听说他挺有学问，想请他出来做官，朱耷不愿意，又不敢公然拒绝，就想了一个办法。

一天，他一声不响地坐着，突然拍着双手“哈哈哈”地大声笑起来。过了没一会儿，他又“呜呜呜”地痛哭起来。接着，他又把身上穿的僧衣三下两下地撕扯下来，扔到火盆里烧了，然后趿拉着一双破得露出脚跟的鞋子，挥舞着扯烂的衣袖，跑到街上去游荡。孩子们见朱耷一会儿哭，一会儿笑，疯疯癫癫的，以为是个疯和尚，都跟在他的身后又蹦又喊：“看呀，这个和尚疯了！”这样寺院内外，都知道朱耷成了疯子。清朝的官吏见他这样，也就不再来找他麻烦了。

后来，朱耷索性也不说话了，他在扇子上写了一个大大的“哑”字。有人来找他闲聊的时候，他感到厌烦，就“哗”地展开扇子，一句话也不说。对方看到他扇子上的“哑”字，就知趣地不跟他搭腔了。他还在门上贴了个很大的“哑”字。别人都说他是个“狂生”，朱耷听了也不在意，还是整天和“哑”字做伴。

春宵室？大明宗室！

后来，朱耷隐居在江西南昌，一直靠卖画糊口。他破衣烂衫、蓬头垢面，行动如痴似癫，但他的内心却隐藏着国破家亡的极大痛苦。

每逢正月十五元宵佳节，南昌百姓家家户户都挂起灯笼，还会举行盛大的元宵灯会。这一年的元宵节到了，左邻右舍都挂起了大红灯笼，朱耷也自己动手做了一个红灯笼，准备在灯笼上写几个大字。他在灯笼上写了“春宵室”三个大字，然后把它挂在大门口，自己看了看，觉得很满意。

元宵节晚上，来看灯会的人很多，绝大多数要从朱耷家门口经过，凡是过往的行人，都会抬头看看他家大门口挂的红灯笼，看到他家灯笼上只写“春宵室”三个字，都说写得别致，和一般人家的灯笼不同。僧友饶守朴也赶来南昌观看元宵灯会，他路过朱耷家门口时，看到他家灯笼上的“春宵室”三个字，仔细琢磨一番，便走进门去，拍拍朱耷的肩膀轻声说：“老朱如此大胆，不怕杀头问斩吗？”朱耷知道自己的用意被饶守朴识破，便哈哈大笑，连忙请他坐下饮茶。

在灯笼上写字为什么还会被杀头问斩呢？原来朱耷写在灯笼上的字，看上去是“春宵室”，但是拆开再合并，就是“大明宗室”这几个字。因为“春”“宵”下面的日、月一拼拢，就是一个“明”字；“宵”字上半截，再加上“春”字上面的两横，就成了一个“宗”字。这样一拆一合，正是“大明宗室”这几个字。

从这个小故事中，相信你也能感受到朱耷性格中的孤傲。他会冒着很大的风险去表达他对明朝灭亡的痛惜之情，他有自己的坚守，他用隐晦的方式表明自己不当清朝臣民的心迹。这份孤傲也注定了他人生的悲苦和晚年的凄凉。

余音绕梁

朱耷的一生曲折离奇，他的遭遇也让人感慨，这些造就了他冷峻、狂放的绘画风格。绘画上的独特魅力，让他享有“东方凡·高”的美誉。朱耷跟凡·高很像的一点还在于，他虽然生前坎坷，但身后备受推崇，在绘画史上占有一席之地。

如今，八大山人存世作品在拍卖行拍一幅价格少则几十万、几百万，动辄几千万，有的甚至上亿，并且价格还在不断攀升。他生前靠卖画为生，为生计他一直创作到生命尽头。当年，他病得身体都无法动弹，那时的他怎能想到身后这般受人尊崇？

除了以经济价值来衡量他的作品外，人们也没有忘记这位画坛“怪杰”。1959 年，为纪念这位伟大的艺术巨匠，人们在朱耷曾经隐居的青云谱建立了八大山人纪念馆，它是我国第一座古代画家纪念馆。1976 年，国际天文联合会用 15 个中国文学艺术家的名字为水星上的环形山命名，“八大山人”朱耷就在其中。

欢迎你到故宫博物院来亲眼看看这幅画，感受朱耷传奇的人生与画作的艺术魅力。

清初四僧

他们是原济（石涛）、八大山人（朱耷）、髡（kūn）残（石溪）、渐江（弘仁）。前两人是明宗室后裔，后两人是明朝遗民，四人均抱有强烈的故国情怀。他们借画描绘身世和抑郁之情，寄托对故国山川的炽热之情。艺术上主张“借古开今”，重视生活感受，强调独抒性灵。他们的画作达到了明末清初文人画的高峰。

西王赏功金币

现居地

上海博物馆

外形特征

直径和小号保温杯的杯盖差不多大小

属性

金

个性签名

古钱五十名珍之一

毛遂自荐

我在中国古代钱币这个圈子里可是个有头有脸的大人物，是“古钱五十名珍”之一。我能有如此价值，很重要的一个原因在于我的数量太少了。在2011年之前，人们认为我是家族里的独苗，后来陆续发现了一些我的“兄弟姐妹”，但全国也不超过100枚。古代钱币能够发行和流通，数量肯定不会少，那为何我们家族成员的数量却这么少呢？别着急，我先从名字开始给你解释。

西王赏功金币，重点就在于“西王赏功”。翻开史书，你就会发现，这个“西王”指的是明末起义军首领张献忠。1644年，他占领四川，在成都称帝，建立了大西国，自称大西王。“赏功”，指的是铸造这批钱的目的。想想现在的硬币，大多数都有磨损，但是考古学者研究发现，我们家族成员几乎没有使用过的痕迹。也就是说我们自铸造出来之后，并没有用来交易流通，而是

作为奖励，是一种荣誉的象征。有了这个背景知识，你就容易理解为何我的家族“人丁不旺”了。

首先是因为铸造我的目的就是奖赏，这就和“三好学生”奖状一样，只有少数优秀的同学可以获得。同样地，我只是用来奖赏小部分有军功的人，自然也不会大规模地进行铸造。

其次是因为铸造我的年限太短了。大西国 1644 年建立，没过多久便被消灭了。再加上这期间连年战争，没有一个稳定的环境，所以张献忠铸造了几批之后，便不再铸造了。

最后是因为我是由张献忠主持铸造的，他最初起义反明，后来又加入反清的队伍。清朝统治期间，只要是拿着西王张献忠的东西，就会被当成叛军处理，更不用说我这个西王的赏功之物。所以清朝的时候，我的兄弟姐妹很多都被清政府回收重新铸造了，自然所剩无几。

本以为这个世界只剩下了我一枚，但是在2011年的时候，在一场拍卖会上竟然出现了一枚当初和我一起被铸造出来的“兄弟”。之后有一则消息不胫而走，声称在四川岷江有大量此类金币，许多不法分子闻风而动，前去盗掘。这种行为引起了国家的重视，在2016年，政府开始组织江口沉银遗址的考古发掘工作。这次考古发掘也是中国第一次进行围堰考古发掘，就是先在岷江河道内围堵成一个小湖泊，把水抽干再进行考古发掘。

这么大规模的考古行动果然没有让大家失望，考古学家在江口沉银遗址挖掘出张献忠的许多宝贝，包括200多枚西王赏功金币与银币。因为我这枚金币和它们一模一样，所以它们也证明了我的身份。但是有一点有些不同，就是被挖掘出来的这批金币上，似乎都有被火烧过的痕迹，这是怎么回事呢？

星汉灿烂

明朝末年，政治腐败。每到朝廷选官的时候，各级官员若想升官，必须得去贿赂上级——买官。但是买官的钱不是小数目，越是能赚钱的职位价格越高。钱从哪里来呢？当时在官场上流行一种“京债”，

就是专门给那些想要升官的人准备的。他们可以借钱，且金额十分巨大，同样利率也非常高，而且一旦买官成功，放债的人就会来催债，到时候欠债的官员没钱还，只能打开府库，用国家的钱还债。如果府库没有钱的话，那些欠债的官员也不会自掏腰包，最终还是想方设法地压榨、勒索百姓。所以百姓的生活苦不堪言，最后只能揭竿而起，张献忠就是其中的一股力量。

张献忠少年时读过书，当过捕快和士兵。他犯了法，原本要被问斩，主将看他样貌奇特，便免去了杀头，打了他100军棍就让他走了。后来在朝廷的暴政之下，张献忠组织了农民暴动，自称“八大王”，积极参与反明斗争。因为他读过书，又当过捕快，足智多谋，很快就展现出了指挥能力。他所指挥的军队打了很多胜仗，逐渐壮大起来。

1643 年，张献忠已经占据了湖北，考虑到将来的发展，他决定进攻四川。

风流人物

占领四川，称帝大西

1644年，张献忠火速攻下了四川，在成都称帝，建立大西国，改元“大顺”，将官员与百姓的金银搜刮过来。他将这些金银用于铸造“西王赏功金银币”，赏给有军功的人。

他还设置科举考试，招贤纳士。经过考试，有 120 人中了进士，其中状元由张大受获得。张大受人高马大，气宇不凡，张献忠十分喜爱他，便赏赐了他刀、马、金币等。大西国流通的货币里并没有用金制造的钱币，所以这里的金币，学者推测也只能是作为最高等级赏赐的西王赏功金币。

如何判断军功的大小呢？据说张献忠设立了一个验功标准，那就是手掌数量。他每攻下一地，便要屠城，将敌人的手掌砍下，以获得手掌的多少来确定军功的大小。那时候，只要是军官衙门所在地，手掌堆积如山，砍下 1700 多双手掌便可由副将升为总兵，军功更高的还可以得到西王赏功金币。金币可以说是那个时代大西国的最高荣耀之一了。大西国也在这样的刺激下开疆拓土，不断发展。

兵败彭山，江口沉银

大西国在四川建立政权两年后，四川邛州被攻破，这个地方距离大西国首都成都仅有两天的行程。张献忠听闻赶忙从水路逃跑，他带着10余万士兵，把他的全部宝贝装船运走，想沿着岷江一路向东到湖北。

但是张献忠的这一计划却被明军将领杨展知道了，于是杨展在彭山的江口起兵，分为左右两路攻击张献忠的船队。江口地区两岸狭窄，张献忠前后数千艘宝船首尾相连，不能进也不能退。杨展非常聪明地用载着火器的小船进攻，派人火烧船队。江口地区风很大，张献忠几

乎所有的船都被烧毁，他的部下也多被烧死了，这么多年掠夺的金银珠宝，都随着沉船落入了江底。这就是在江口沉银遗址发掘的大多数文物都有被火烧过痕迹的原因。

张献忠在这一战里冒死突围，上岸跑到了四川北部，没过多久便在凤凰山被清朝亲王豪格一箭射死，40 岁时便结束了生命。

在四川成都一直流传着一首歌谣：“石牛对石鼓，银子万万五。有人识得破，买尽成都府。”说的就是张献忠被杨展击败逃跑前，在宝船沉没的地方做了标记，有一对石牛和石鼓，如果有人能够找到这个位置，便能够得到大西国数不尽的财宝。370多年后，为了制止非法盗掘，国家组织力量对江口沉银遗址进行了保护性发掘，大西国的宝藏又重新出现在世人眼前。

余音绕梁

其实在江口沉银遗址正式被发掘之前，就有两枚金币悄悄地流传了下来。第一枚在清朝光绪末年时，由成都人张扫把获得。他在成都五洞桥的一个摊位上看到一枚挂着的旧铁钱，便把它拿了下来，用手一敲发现并不是铁的，于是花80文把它买了下来。回家之后把它清理干净，发现上面有4个字——西王赏功。他磨了一下钱的边缘，发现有金子，于是就把它熔了，得到了二钱黄金。他非常自豪，向乡亲炫耀：我80文买了一枚金币，熔化之后得了二钱黄金。这个消息被传开了，许多钱币收藏家登门拜访，想看一看金币，张扫把说金币已经熔掉了。这些收藏家都惋惜地说，如果你不去熔了它，它值40两黄金。张扫把听了，后悔得捶胸顿足。第一枚金币就这样消失了。

第二枚金币便是文中的这枚。这枚金币由钱币收藏家蒋伯埙收藏，他曾经在四川的邮政局工作，在此期间他得到了这枚金币，之后他便回到杭州。1963 年，蒋伯埙将他大部分的收藏出售、捐献给了上海博物馆，其中也包括这枚金币。后来，这枚西王赏功金币也成了上海博物馆的镇馆之宝之一。

八旗盔甲

现居地
故宫博物院

外形特征
为成年男子准备的盔甲

属性
甲胄

个性签名
我，清朝的制度体现！

毛遂自荐

我是一个庞大的存在，由 8 套盔甲组成，每套又包括头盔和铠甲两部分。铠甲是上衣下裳式，我们现在把衣和裳连在一起，是一个词，但其实“衣”和“裳”是两部分，通常上面是“衣”，下面是“裳”。

我们兄弟8个，长相基本一样，但颜色各不相同。有4个是单一颜色的，分别为黄、白、红、蓝。而另外4个在黄、白、红、蓝的边缘则镶了其他颜色的边。黄色、蓝色、白色镶红边，红色镶白边。这与清朝的8种军旗颜色一一对应，反映了一种叫作“八旗”的政治军事制度，所以我们也被叫作“八旗盔甲”。

铠甲是古代将士们用来保护身体的。清朝的八旗盔甲中，头盔是用牛皮制成，然后涂上黑漆，上面还插有缨管，看起来英气十足；铠甲是布面棉质，但内衬排列着铁甲片，并用铜钉加以固定，这样就能在一定程度上减轻外部攻击对将士身体的伤害。头盔和铠甲把将士全身包裹得严严实实的，但又不会影响八旗将士活动。

星汉灿烂

满族自16世纪末成功崛起，到17世纪中期建立全国性的统一王朝，都大大得益于努尔哈赤创立的八旗制度。这到底是一种什么神奇的制度呢？

其实，这与满族人的祖先在狩猎时采用的组织形式，或者说方法有关。满族人的祖先是居住在黑龙江流域的女真人。你还记得我们之前有一件文物是金朝的铜座龙吗？金朝就是女真人建立的一个政权，与中原的宋王朝处于同一时期。所以努尔哈赤在统一全国之前的政权，也被叫作“后金”。

不论是之前的女真人，还是后来的满族人，都是渔猎民族，以捕鱼、狩猎为生。他们在进行集体狩猎时，需要一种严密的组织方式，并且需要密切配合。在长期实践中，就形成了以300人为一个单位的组织方式，这在满语中被称为“牛录”，每一牛录设一名首领。这就是八旗制度的雏形。

努尔哈赤统一女真各部、建立后金政权时，他就在牛录制的基础上正式建立了“旗制”。这是一种兵民合一的制度，将士该打仗的时候就去打仗，不打仗的时候就进行耕种，两不耽误。他们以不同颜色的旗子作为标志。刚开始只有黄、白、红、蓝 4 种颜色，后来又增加镶黄、镶蓝、镶白、镶红 4 种颜色的旗子，合在一起称为“满洲八旗”。这种以不同颜色的旗子作为标志，生产、军事、行政合为一体的制度，就称为八旗制度。

这 8 种颜色有等级之分，这种差别主要来源于八旗与创立者努尔哈赤的关系远近。最开始，努尔哈赤亲自管理正黄和镶黄两旗，这两旗的人自然就变成了努尔哈赤的亲兵，而当时其余各旗则分别由努尔哈赤几个能征善战的子侄控制，这就决定了两黄旗的统治地位。

八旗制度极大地提高了军队的战斗力，这为后来满族人所向披靡、统一全国做出了重要贡献。

风流人物

史书中记载，努尔哈赤凤眼大耳，面如冠玉，身材高大，声音响亮。他骑射俱佳，又善于用兵，有勇有谋，深于谋略。他喜欢读史书，还组织人翻译汉文的经典书籍，并要求各旗子弟认真学习。

史书中关于他的事迹非常具有传奇色彩，说他 25 岁“十三副铠甲起兵”，后来又以“七大恨”发布讨明檄文。可以说，努尔哈赤人生前半段的重点是统一女真各部，后半段是反明。在他 40 多年的戎马生涯中，一直面临着把新征服的部落或地区整合为自身力量的问题，于是他创制了八旗制度。

努尔哈赤还采取了一系列方针策略鼓励人们投靠，他规定："抗拒者杀，俘获者为奴。"其次，他也规定"降者编户"，也就是投降的人会被分别编在各个牛录内，不夺其财物，不贬为奴。这也再次说明八旗制度除了军事职能外，还有行政、生产等职能。

努尔哈赤指挥作战经常能以少胜多，变被动为主动。比如，在萨尔浒之战中，他就果断地决定采取"恁（nèn）尔几路来，我只一路去"的战略，也就是集中兵力，然后各个击破，这场战役也成了历史上以少胜多的经典战例。

清朝以武立国，最终建立功业，夺取天下。清军入关以后，为了不忘"满洲根本"，骑射就成为每个八旗将士的看家本领。

清朝还有一项大阅制度，始于皇太极时，每三年一次。每当大阅

时，皇帝全副武装，检阅八旗军中的不同兵种。八旗将士则需要在皇帝面前表演火炮、鸟枪、骑射、布阵等技艺。这时八旗将士的甲胄是一种礼服，以旗色分，用来彰显严明的军纪和森严的等级。故宫博物院的这套八旗盔甲正是大阅时八旗将士穿着的，所以有时候会与皇帝的盔甲一同展出。

余音绕梁

八旗铠甲吸收了棉甲工艺的优点，同时又对其做了改进，变成了棉铁甲。也就是表面是坚厚的绸的布料，金属甲片镶在里面，布装饰在外面，然后在布的表面上用铜钉固定。棉铁甲看上去就像一件棉大衣一样，具有一定的防寒性，其柔软坚韧的特性也很适合骑兵使用，对冷兵器和火器都有一定的防御能力，可以起到很好的防护作用。

但是，清朝中期以后火器越来越发达，最初的八旗将士的棉铁甲就失去了防御能力。乾隆时期由杭州机造两次制成的两万套甲胄，除了大阅和行围时用，平时都被放在紫禁城的西华门城楼内。19世纪以后，八旗将士穿着的甲胄逐渐演变成一种仪式表演的服饰。

《琼黎风俗图》册页

现居地

海南省博物馆

外形特征

比一本翻开的语文课本要大

属性

纸

个性签名

黎族生活图鉴

毛遂自荐

要了解我，首先要知道我名字的含义："琼"是海南的别称，"黎"是指黎族这一少数民族，"风俗图"是指对当地居民生产生活的图画记录。那么顾名思义，我就是关于海南黎族人生产、生活场景的画册。我共有15幅图，每幅图还配有文字说明，可谓图文并茂。

这15幅图，涉及海南黎族生活的方方面面，包括建房、对歌择偶、纳聘迎娶、聚会饮食、渔猎、耕种、采香、运木、采藤、纺织、交易、渡水、割鸡跳鬼、传信、打斗等场景。图中人物线条简练，画面清晰生动，就像连环画一样直观易懂。

为什么说我的图像记录很有价值呢？这是因为中原的史书中，关于海南黎族的记载本来就很少，更别说他们的生活细节了。而古代的黎族自身又只有语言，没有文字，所以他们自己也没有留下文字记录。我则能让现在的人，对一个古老民族百年前的生活有直观且具体的理解。

说了这么多，你会不会好奇，当初是谁，又是出于什么原因，把这些生活场景都记录下来的呢？

星汉灿烂

现在，我们即使足不出户，也能知晓天下事。身处中国的你，可以通过电视节目、摄影作品等，知道远在其他各大洲的同龄人居住在什么样的房子中，吃什么样的食物，平常喜欢什么运动。可是在古代，如果皇帝想知道自己治下的百姓过着什么样的生活，有哪些习俗，除非亲自去看，否则也只能请人用文字或图画进行描述了。这种专门用于纪实的画，在历史上被叫作“职贡图”。

“职贡”是指向中央政府的皇帝尽职纳贡，为什么会叫这个名字呢？这跟中国古代王朝统治者的一种认知观念有关，他们不知道世界有多大，认为“普天之下，莫非王土”，自己就处在天下的中心，而周边的民族或国家都是“下属”，他们与中国的交往都是对“天朝”的尽职和纳贡。

清朝的乾隆皇帝对待英国特使马戛尔尼的态度，最能反映这种心态。当时的英国已经经过工业革命40多年的发展，工业水平相当发达，蒸汽机、棉纺机、梳理机等都已经普遍应用，远洋轮船、战舰已经在战场上发挥了作用。这个时期，英国人对中国还是很尊重的，因为在他们的想象中，这个能生产瓷器、茶叶的东方大国一定富饶又强大，而且之前有很多发明都是来自中国。

所以乾隆皇帝80大寿的时候，英国王室特意派马戛尔尼作为特使，并且带着最新科技成果前去交流。为表隆重，甚至还专门制作了一个清单，他们一方面希望可以借此引起中国重视，和中国交个朋友，开拓一下市场，另一方面也可以借机观察一下中国的整体情况。

但是来到中国后，英国人彻底失望了。他们发现这个东方大国还处在一种封闭自大的状态中，不知道也不关心世界上发生的新变化，对新技术、新思想也不关心，更不会以平等的视角看待新兴崛起的英国。在清政府眼中，英国就是一个“下属”国，翻译贺词时

的表达要用“进贡”“恩准”等词汇。英国使团见到乾隆皇帝后，也应当下跪。

马戛尔尼一行在强大的压力之下，不得不妥协，见面后也只得采取单膝下跪的折中做法。对于英国使团带来的礼物，以及他们渴望增进贸易、扩大交流的愿望，乾隆皇帝和众朝臣都表示不感兴趣。马戛尔尼一行回到英国后，将所见所闻公之于众，欧洲才知道原来曾经强大富饶的中国这般落后和保守。

回到“职贡图”这种画种。这种用图像纪实的传统其实早在南北朝时期就已经存在了。南朝梁元帝萧绎曾亲笔画《职贡图》，虽原作已失，但现存宋朝摹本。这幅图上画着站立的列国使者，都稍向左侧身，身后用楷书标注，使者的国家、山川道路、风土人情、与梁朝的关系、纳贡物品等信息。各国使者的站位也体现了其与“天朝”关系的亲疏。

历代“职贡图”也基本承担了建构帝国、描述天下的功能。它们一方面记录自己周边来朝贡的不同民族和国家，另一方面也记录了中国周边疆域的民俗民风。“职贡图”逐渐成为绘画史上一个重要的题材。

风流人物

邓廷宣首绘《琼黎风俗图》

《琼黎风俗图》的封面上题有“明邓廷宣绘琼州黎人风俗图”字样，因此，我们可以很清楚地知道作者是明朝的邓廷宣，那么他为什么绘制《琼黎风俗图》呢？

邓廷宣生活在明朝初期，明太祖朱

元璋派大将沐英前往海南打击海盗，邓廷宣也作为监察官员奉命同往。邓廷宣对当地黎族人的生产、生活产生了浓厚的兴趣，于是把自己的所见所闻通过绘画的方式记录下来，并于1390年绘制完成。

据此，我们似乎可以断定这幅图是明朝的，但奇怪的是，书画鉴定专家经过对纸张和颜料等方面的研究，发现这幅图的绘制年代应该在清朝，这又是怎么回事呢?

这就要说回职贡图了。乾隆十六年（1751年），也就是英国特使团马戛尔尼一行访华前40年，乾隆皇帝下旨开始编绘《皇清职贡图》。这时清朝国力最为强盛，多国前来与中国开展贸易，乾隆皇帝为彰显自己的文治武功，以昭王会之盛，要求画师绘制《皇清职贡图》。图中不仅有中原各民族，还有周边少数民族，除了传统亚洲朝贡体系的国家，还有欧洲国家。由于清朝画师并没有到过欧洲，这些欧洲人形象大多数来源于欧洲版画，以及传教士的文字描述等。

历时10年，《皇清职贡图》完成了大部分，600多幅图侧重描绘各国、各民族男女外貌、衣冠服饰及生活习俗。同时配有满文和汉文两种题记。乾隆皇帝下旨绘制《皇清职贡图》这一做法，一时间也引发了全社会绘制民族图画的风气，这幅《琼黎风俗图》册页可能就是在这样的背景下诞生的。

据此可以推断，我们现在看到的《琼黎风俗图》册页只是乾隆时期的某位画家临摹的，他还特意在画册封面上保留了原作者的题名，但这位临摹画家的名字，我们已经不得而知了。

黎族生活图鉴

《琼黎风俗图》册页中绘制的都是黎族人的生活细节，都说“民以食为天”，那么数百年前的黎族人吃什么呢？图中就有渔猎和耕种两幅图。你看，在描绘耕种的画面中，3 头壮实的公牛正卖力地耕作。可奇怪的是，牛的身上没有耕犁，而是直接在田中踩踏。这可与我们中原地区牛套着犁来回走使土地松动再播种大不相同，黎族的牛是不是没有认真工作呢？其实这种做法叫作牛踩田，是海南当地一种特殊的水田耕作方式，一般是在下过春雨后或者人工引水灌溉，等到土壤饱水以后，由一个大人或小孩儿扬鞭指挥，驱赶几头甚至十多头牛，

反复周转于田间，踩踏泥田使其稀烂，然后插秧。这是由当地土壤及水分决定的，但黎族这种牛踩田的做法我们现在已经看不到了，图像则为我们记录了已经消失的耕种方式。

再比如，黎族的纺织品——黎锦非常有名，其中的一种“龙被”，还是专门向朝廷进贡的珍品呢！这可是一种很有历史传承价值的工艺，翻开图卷，找到纺织图，你就可以看到明清时期黎族妇女是如何进行纺织的。你看，其中一位依靠纺锤熟练地将去了籽的棉花搓成结实的棉线；另一位手持梭子，席地而坐，在踞腰织机的配合下来回走线，编织着各种花纹图案。这一传统直到现在还在某些地区保留着，一些黎族女孩从十三四岁就开始学习纺织技术，人们也会把织锦水平的高低作为评价一个女孩子是否能干的标准。

余音绕梁

目前发现的反映黎族社会风貌内容的画册共有5个版本，除了这幅《琼黎风俗图》册页外，还有现藏于中国国家博物馆的《琼州海黎图》，现藏于中央民族大学的《琼州黎族风俗图说》，现藏于广东中山图书馆的《琼黎一览图》，以及现藏于台湾“中央研究院”

历史语言研究所的《琼黎风俗图说》。虽然它们出自不同画家的手笔，但内容相似，都试图从各方面、多角度描绘历史上黎族社会的风土人情。

《琼黎风俗图》册页能在海南省博物馆中进行展示，其实颇为不易。它不仅完成了从私人收藏品到国家的博物馆藏品的“身份”转变，而且经历了从河南到海南的辗转，流落异乡百年的黎族画册这才终于“回家”。

如果想要近距离地感受黎族独具魅力的社会风貌，就来海南省博物馆看看吧。

黄道婆

黄道婆是我国宋末元初杰出的棉纺织革新家。她不远万里来到海南岛黎族地区，学习黎族的棉纺织技术，回到家乡后改进了家乡（松江，今上海）的纺织技术，大胆革新，创造了一套先进的棉纺织工具，使松江地区的棉纺织业获得了迅速发展。

金瓯永固杯

现居地
故宫博物院

外形特征
高度与立起来的 4.7 寸屏手机差不多

属性
金

个性签名
皇帝的传家宝

毛遂自荐

我的名字是“金瓯（ōu）永固杯”，由高纯度的黄金制造而成。“瓯”本义是一种小盆或杯子，但在这里，“金瓯永固”是形容国家疆土完整、江山永固。这出自一个典故——魏晋南北朝时，南朝皇帝萧衍曾说：“我国家犹若金瓯，无一伤缺。”此后人们就用“金瓯无缺”或“金瓯永固”来表达对太平盛世的期望。

再来看我的外观，你可能已经发现了，我的耳朵造型很像一条龙，这在中国古代被叫作“夔（kuí）龙”，象征着君王的辅弼（bì）良臣。我的龙头上镶嵌了珍珠，杯身上装饰有宝相花，宝相花以珍珠、碧玺、红蓝宝石作为花心。杯腿有 3 只象首，3 只大象的卷鼻牢牢地支撑着我的躯干，让我变得异常稳固。杯前正中用篆文镌刻“金瓯永固”4 字，后为“乾隆年制”款识。

我的制作流程非常烦琐，至少要经历以下4个环节：先由工匠制造一个模具，然后将金银片反复敲打，衬在模具上，这个环节被称作“锤揲”；接着则是“錾（zàn）刻”，工匠会在这个阶段将素面朝天的我变得更加精细，比如在我身上留下深浅不一的纹路和各式装饰；之后便是“镶嵌”环节了，我身上这些灿烂的红宝石、蓝宝石便是这些能工巧匠镶上去的；最后一个环节叫作“点翠”，是匠人们选用珍贵的翠鸟羽毛来装饰我，于是就有了你看到的这一抹亮蓝色，是不是画龙点睛，一下子就提升了我的气质？

我能有这般光彩，其实离不开我主人乾隆皇帝的精益求精。他不仅是一位开明睿智的皇帝，也是一个很有生活情趣的人。他一生著文吟诗、题字刻章，时不时地设计些机巧玩意儿，我就是他亲自主持设计的作品之一。听说，在制作我时，乾隆皇帝对每个环节都严格把关，匠人们的图样只有经过他的批准才可往下进行，就这样不断打磨，才有了你们看到的精致的模样。

我不仅凭颜值来征服世人，更重要的是，我承载了皇帝的期望。所以，可以说我是清朝皇帝的传家宝，让我来给你讲讲我的故事吧。

星汉灿烂

我出生时，正值人们通常所说的“康乾盛世”。这一时期的中国，在社会、经济、文化等诸多领域都颇有建树，国家疆域日益扩大。

清朝的疆域是经过几代皇帝不断经营而扩大的，康熙年间，就不断在拓展国土边界。康熙皇帝平定镇守云南、广东、福建的3位藩王的叛乱，史称“平定三藩”，避免了南方可能出现的分裂局面；然后又进军台湾，使台湾重新回到清朝的统治之下；他还对入侵的沙俄侵略者予以痛击，收复雅克萨，遏制了沙俄对中国东北地区的渗透；雍正年间，大小和卓的叛乱被平定，进一步巩固了帝国的西北边疆。乾隆年间，则彻底平定了准噶尔叛乱，将新疆地区纳入帝国的有效控制之下。乾隆皇帝又通过加强对西藏的治理，加强了对帝国西南部的统治。

清朝鼎盛时期，中国陆地面积1300多万平方千米，可以说是整个中国历史上疆域辽阔程度仅次于元朝的时代。想必那时的乾隆皇帝也会对着幅员辽阔的疆土无限感慨，他也从心底里期望，清朝能够一直金瓯无缺，江山永固……

风流人物

清朝到了乾隆皇帝统治时期，已经离开东北近百年了，不少八旗子弟开始荒于训练，一些旧的习俗也逐渐荒废。

有一次，乾隆皇帝去练兵场视察，就发现很多八旗子弟的射猎技术很差，甚至骑马都不那么灵活，射出去的箭都不能正中靶心。再看他们一个个发福的身材，一看就是长期养尊处优，这可让勤勉的乾隆皇帝很忧虑。要知道大清的先祖从东北进入山海关，然后统治全国，

又不断扩张疆域，这一历程非常艰辛，辛苦打下的江山更需要保持勤勉才能守住。如今满族尚武的习俗逐渐废弛，祖宗留下的传统体制逐渐被丢弃，这是很危险的事情。

乾隆皇帝采取了一系列措施，他极力提倡维护满族旧制，如说满语、骑射、满族衣冠服制等都被特意维护，他也非常推崇“尊君亲上、尚武之风”等传统。其中，始于他的父亲雍正皇帝时期的一项重要仪式——明窗开笔被恢复，乾隆皇帝还特地主持制造了“明窗开笔”仪式的御用礼器——金瓯永固杯。

“明窗开笔”之典

那么“明窗开笔”是怎样的过程呢？每年除夕这一天，宫里的办事人员会预先布置现场，摆放紫檀炕案，把金瓯永固杯恭敬地摆放在案上，里面倒上屠苏酒，旁边放置由玉、珐琅镶嵌的烛台，叫作“玉烛长调”，并放置笔、墨、纸、砚等物。等到大年初一的子时（23点至凌晨1点），皇帝会亲手点燃烛台，用毛笔在纸上书写吉语，为天下祈福，迎接新年。届时，皇帝还会作御制诗，完成后就放在养心殿东暖阁，而书写吉语的纸则要保存起来。开笔仪式结束后，金瓯永固杯和烛台则要由专人小心收藏，来年“明窗开笔”再次使用。

金瓯永固杯不是平时用来饮酒的一般酒杯，而是只在这项典礼中才使用的器物。杯中所盛的屠苏酒也有特殊寓意。屠苏取自“屠绝鬼气、苏醒人还”之意，古人认为在新年旧岁相交之际，饮用屠苏酒可以驱邪避疫，令人身体康健。在除夕日正午，宫中会专门以大黄、桔梗等多味药材，结合木瓜酒与冰糖制成屠苏酒。

东暖阁“明窗”

每年皇帝都会在养心殿东暖阁西南侧的隔扇小室进行开笔仪式，这间隔扇小室当时被称作“明窗”，所以开笔仪式又被称为“明窗开笔”。那么养心殿的冬暖阁又在紫禁城中什么位置呢？

如果你对紫禁城的建筑布局稍有了解，肯定会知道乾清宫的位置，就是那个高悬“正大光明”匾额的宫殿。清朝皇帝经常在这里召见廷臣、批阅奏章、处理日常政务，类似现在的客厅和书房的功能。而养心殿就位于乾清宫西侧，可以理解为皇帝睡觉的宫殿。

乾隆皇帝是居住养心殿时间最久的一位帝王，他在这里度过了 64

个春夏秋冬。养心殿东西两侧与正殿隔开而又设门相通的小房间被称为东暖阁、西暖阁。

余音绕梁

“明窗开笔”典礼被乾隆皇帝很好地继承了下来，到了他儿子嘉庆皇帝统治时期，也丝毫不敢怠慢。不仅如此，嘉庆皇帝还特地在自己的御制诗当中记录“玉烛金杯祖考贻”，就是告诉接班人这些规矩和物件都是从他祖上传下来的，可是大有来头呢，应当兢兢业业，遵循祖上的教诲。

等到了同治年间，慈安、慈禧两宫太后在养心殿东暖阁垂帘听政，当时的养心殿室内进行了结构上的调整，明窗也应该是在这个时候被拆除的，明窗开笔之典也就无从谈起了，金瓯永固杯也从一件具有象征意义的礼器变为普通陈设。

金瓯永固杯虽然被寄托了江山永固的寓意，但也无法阻挡清朝衰落的趋势，金瓯永固杯的命运也随着清朝的衰落而变得艰难。

其实金瓯永固杯共有 4 个，文中的这个和另外 2 个是乾隆年间制作的，还有 1 个是嘉庆年间制作的。当年这 4 个被两两分组，一组被安置在圆明园，另一组则安放在紫禁城。1860 年，第二次鸦片战争期间，英法联军攻入圆明园，大肆掠夺。圆明园中的两个金瓯永固杯被一名法军上校掠走。1872 年，英国的华莱士爵士在一场拍卖会上购得这两个金瓯永固杯，如今藏于华莱士博物馆。而当初被安放在紫禁城的两个也被拆散了——解放战争期间，一个被带去了台湾，现在收藏在台北故宫博物院，另一个就是文中的这个啦！

《乾隆皇帝大阅图》轴

现居地
故宫博物院

外形特征
展开后高 3 米多，比一层楼还要高

属性
绢

个性签名
我是最像油画的国画

毛遂自荐

我来自 200 多年前的清朝中期，是一幅皇家收藏的珍贵国画。我的名字已经明确点出了画作中的人物、时间和事件，我记录的就是乾隆皇帝在位期间的大阅兵。光听名字，你一定会认为我所绘制的是千军万马的威武阵势吧？但事实上，在我的身上仅绘制了一个人和一匹马。

其实，画家画的就是阅兵者——乾隆皇帝骑着骏马正在检阅军队时的样子。你看，29 岁的青年皇帝穿着绣金龙纹铠甲，背着箭袋，手里拉着缰绳，神气地坐在马上。而他座下的御马有着高大的体形，发亮的棕白相间的皮毛，御马的马蹄抬起，正在向前迈步，神气极了。

如果对绘画史和绘画方式有一定了解，你可能已经觉察到奇怪之处了：这图轴分明采用的是西方画法，为何画面的主人公却是清朝的皇帝呢？

传教士来华热潮

清朝早期并不是“一刀切”地实行闭关锁国政策。它同世界各国一直存在科技、艺术上的交流，甚至清朝皇帝还同外国人成了好朋友。顺治皇帝和他的儿子康熙皇帝都是理科“学霸”，对西方的天文历法很感兴趣。顺治皇帝喜欢看地球仪，康熙皇帝还能写竖式、算数学题，他们把许多传教士（到各地传播他所信奉宗教的人）留下，让他们在朝廷里做官。这些传教士也成为西方科技与艺术的传播者。

到了乾隆时期，乾隆皇帝继续秉行祖先们的“节取其技能，而禁传其学术”（外国人如果有专业技术，可以留在中国工作；但如果想要传教，对中国进行宗教渗透，那是不行的）的外国人“入职”政策，他还给传教士安排了工作，比如懂地理的去绘制地图，学天文的去修历法，做钟表的去修钟表，学建筑的去盖房子，画画好的便去当宫廷画师。就这样，一大批传教士留在了中国，找到了合适的工作，他们也将当时西方最先进的技术与最流行的艺术风格带入了

18 世纪的中国宫廷。可惜的是，乾隆皇帝并没有意识到可以利用他们来改变生产方式。就这样，中国同正在进行工业革命的西方国家之间，差距越来越大了。

充满西方文化的乾隆时期宫廷风

凭借着康熙、雍正两位皇帝的励精图治，到了乾隆皇帝时，国家富足，于是他搞起了艺术创作，并结合传教士带来的西方艺术，开创了自己独特的审美风格。

传教士向乾隆皇帝介绍了当时西方流行的巴洛克、洛可可风。乾隆皇帝非常高兴，要求传教士将中西文化融合进行创作。因此，清朝宫廷里诞生了一批中西混搭风的艺术品。如“洋彩”（中国瓷器上用进口彩料绘画），以及用宝石做成了荷花造型但机械仍采用外国技术的钟表。

风流人物

画这幅图轴的人便是一名在中国工作的传教士，他叫朱塞佩·伽斯底里奥内，这个名字你可能感觉很陌生，但提起他的中国名字，你或许就有印象了。他就是在中国绘画史上颇有名气的郎世宁。

郎世宁的家乡在时尚之都——意大利米兰。他 20 多岁就来到中国，在中国生活了 50 多年，历经了康熙、雍正、乾隆三朝，成为著名的宫廷画师，留下了许多名作。

“学霸”传教士

1715 年，27 岁的郎世宁到达广州，开始了他的中国之旅。

几年后，他受到康熙帝的赞赏，成了一名宫廷画师。他不仅热爱艺术，而且非常勤奋、好学，在中国期间学习了许多本领。他不仅擅长绘画，而且还是一名出色的建筑师与装潢师，他参与了圆明园的建设工作，“十二生肖”兽首喷泉便是由他设计的。为了更好地交流，他刻苦学习汉语、满语，可以达到与中国人正常交流的水平。

天才画师

原来的中国画只注重“写意”，并不注重“写实”，导致画中风景、人物与现实的差距很大。郎世宁来到中国后，将西方的油画技巧与中国的水墨画技巧融合，创造出了独特的绘画风格。他放下油画颜料与木板，用中国传统的矿物颜料在绢上画画，但依旧采用西洋画法中的焦点透视，还画出光影表现立体感。因此，他的绘画既像照片一样真实，又符合中国人的审美。所以，当乾隆皇帝派郎世宁为阅兵作画时，这幅图轴便被创作出来了。

余音绕梁

作为一幅皇帝的巨幅肖像画，《乾隆皇帝大阅图》轴出身“高贵”，也很幸运，它没有被藏在墓葬中，也没流落在乱世中。20世纪之前，这幅图轴是皇帝的私人物品，被内府收藏在皇宫里，还有专门的人保养它。

20世纪初，清朝灭亡，紫禁城成为故宫博物院，这幅图轴便成为国家的藏品，被挂在了显眼的展厅，供人观赏。

欢迎你来故宫博物院，感受这幅图轴的魅力。

清乾隆各种釉彩大瓶

现居地
故宫博物院

外形特征
高度跟 3 岁小孩儿的身高差不多

属性
瓷

个性签名
我是“瓷母”

毛遂自荐

你相信吗？有一件瓷器，你可以在它上面看到中国从宋朝到清朝的各种釉彩。从宋朝到清朝，是我国制瓷工艺高度发达的时期，出现过几十种不同的釉彩，而且这些釉彩烧成温度也各不相同，它们怎么可能出现在一件瓷器上呢？我的出生向世人证明，这种看似不可能的事，居然在清乾隆年间变成了现实。

我的名字叫清乾隆各种釉彩大瓶，是古代官窑瓷器中装饰层次最多、釉彩用料最考究的一件，被誉为中国历代瓷器釉彩集大成者，有“瓷母”之称。我看起来五颜六色，绚丽多彩，这是因为我全身上下装饰的釉彩达15层。但这些釉彩烧成温度都不一样，有的是高温烧成，有的则需要低温。所以要把这些烧造温度不同的釉彩烧制在同一件瓷器上，并保证这些釉彩都色泽纯正，就需要经历繁复至极的烧造工序，不仅如此，对工匠技艺的要求也极高，工匠们需要全面、精准地掌握这些釉彩的烧制特点。

在如此苛刻的烧制要求下，当时的制瓷专家们经过上千次反复试验，才烧制成功了我这一件，珍贵程度自是不言而喻。所以世人都把我视为中国古代制瓷工艺的巅峰之作。

我身高86.4厘米，在瓷瓶中算是一个高个子。我的口部像一个古人洗笔用的笔洗，有着长长的颈，颈两侧各有一只耳朵，形状是爬行的蟠螭，这是传说中的一种龙、蛇结合的神兽。再往下，是鼓鼓的腹部，上面画满了纹饰。我的身份信息隐藏在瓶足底部，有青花篆书“大清乾隆年制”6字。

我还是个福气满满、寓意吉祥的瓶子。我身上涵盖的吉祥图案丰富程度创下了历代瓷器之最，常见的吉祥图案在我身上都能找到。我的腹部有 12 幅吉祥图案，其中 6 幅为写实的图案，包括常见的“三阳开泰”“吉庆有余”等；另 6 幅为写意的吉祥图案，比如用蝙蝠和灵芝分别寓意“福”和“吉祥如意”。

那么究竟是什么原因，要把 15 层釉彩和 12 幅吉祥图案聚于一件瓷瓶上呢？这件瓷瓶背后究竟有着怎样的传奇故事？

星汉灿烂

清乾隆各种釉彩大瓶是由专门给皇家生产瓷器的御窑厂烧制出来的，御窑厂烧制的瓷器风格，很大程度上会受皇帝本人偏好的影响。

这件瓷瓶出生在清乾隆年间，正值中国古代最后一个辉煌、繁荣的太平盛世。此时，瓷器的生产也迎来发展的高峰，大批身怀绝技的能工巧匠会集于景德镇，因此它成为全国瓷器生产的中心城市。景德镇御窑厂在督陶官唐英的苦心经营下，瓷器生产无论是在数量上还是质量上都达到前所未有的高度。特别是各种创新的品种层出不穷，而这种艺术追求离不开乾隆皇帝的性格，以及他对华丽繁复风格的喜爱。

风流人物

乾隆皇帝的突发奇想

乾隆皇帝是历史上一位有名的古玩收藏家，

特别是对瓷器情有独钟。他专门建立藏宝室，收藏着宋朝以来各地名窑的精品瓷器。有一天，乾隆皇帝在把玩自己的珍藏瓷器时，突发奇想：要是能把历代名窑名贵的釉彩都集中烧制在同一件瓷器上就好了，这样自己以后把玩这一件瓷器就够了。而且如果能生产出一件集各种釉彩于一身的瓷器，那可是千百年来的首创，也能向世人显示自己治下的国家实力。

乾隆皇帝越想越兴奋，他立刻召见督陶官唐英。唐英听完乾隆皇帝的想法后，心里一颤，他清楚地知道这件事的难度，皇上的这个奇思妙想，几乎是个不可能完成的任务！但圣命难违，他只好硬着头皮试一试。

回去后，唐英立即召集经验丰富的窑工们商量对策，随后派人去全国各大名窑搜罗瓷器生产配方或瓷片标本，自己则没日没夜地仔细研究古代制瓷的相关记载，希望能找到各种釉彩的烧制特点和工艺。

功夫不负有心人，在经过反复试验后，唐英终于带领御窑厂的窑工们烧成了这件各种釉彩大瓶。

当它被呈送到乾隆皇帝眼前时，乾隆皇帝赞叹不已，没想到这些历代名贵的釉彩真的能出现在同一件瓷器上。这可是中国制瓷历史上前所未有的壮举，大概只有在自己治下的盛世强国才能实现吧。想到这些，乾隆皇帝龙颜大悦，重重地赏赐了唐英，并命人把这件瓷瓶放进他的藏宝室里珍藏起来。

唐英制瓷

如果把制作这件瓷瓶的任务比作一个科研项目的话，唐英就是这个项目的总工程师。唐英是满洲正白旗人，是雍正、乾隆两朝负责景德镇御窑厂的督陶官，是我国古代杰出的陶瓷艺术家。乾隆时期，中国古代制瓷业能达到顶峰，跟唐英的付出和奉献密切相关，因此后人把唐英生活的乾隆时期的御窑又称为“唐窑”，这就是对唐英最大的肯定。

那年，46岁的唐英被雍正皇帝任命为景德镇御窑厂的督陶官，负责监督御窑厂的烧造事宜。可唐英之前从未接触过瓷器的生产制作，现在却要负责整个御窑厂，压力之大可想而知。世人都知道御窑厂不仅负责生产宫廷的生活用瓷，还要生产皇帝用来赏赐和把玩的瓷器，所生产的瓷器必须件件是精品，不能有一丁点儿瑕疵，要经历千挑万选才能送到紫禁城。唐英深知自己肩上责任重大，不能有丝毫差错，否则自己将会有性命之忧。

唐英来到景德镇的头三年，整日闭门谢客，潜心学习瓷器的生产制作，和窑工同吃同住。慢慢地，他熟悉了制瓷的流程和技艺，御窑厂的生产管理也得心应手了。可唐英还有更大的梦想。他想要让中国历代各大名窑的名瓷在御窑厂重现，让那些生产技艺已经失传的名瓷、名品重生。在唐英的努力下，御窑厂成功研究出了宋朝五大名窑的釉彩配方，生产出了以假乱真的仿品，祭红、釉里红在康熙时期已经恢复。当时御窑厂能烧造的瓷器品种近60种，创下历史之最。

难能可贵的是，唐英不但擅长实践，还精于理论研究。他把自己所知的制瓷技术进行总结整理，写出了《陶冶图说》和《陶成纪事》两本制瓷著作，成为后人研究陶瓷生产的重要文献。

可以说，唐英为中国古代瓷器的继承和发展做出了巨大贡献，在他身上我们能看到大国工匠孜孜不倦、奋发有为的精神。

余音绕梁

如今，这件清乾隆各种釉彩大瓶被放在故宫博物院武英殿瓷器馆的中心位置，你只要一进门就能看见它。每一位参观瓷器馆的游客都会被它身上丰富的釉彩、华丽的装饰所吸引，驻足观赏。但这件瓷瓶装饰釉彩实在是太丰富了，突破了常人的想象，与常见的瓷器不同，导致不少看过它的人对它评价褒贬不一。喜欢的人夸它釉彩丰富、装饰华丽，是制瓷技艺的巅峰之作；而不喜欢它的人认为它是一个“怪物”，是一件“炫技”“堆砌”的作品——身上色彩五花八门，吉祥图案庸俗，作品缺乏内涵和艺术性。甚至不少网友还戏谑地说它完美地体现出乾隆皇帝“农家乐”水平的艺术审美，让人哭笑不得。

虽然人们对这件瓷瓶的评价出现争议，但不可否认它的社会价值。清乾隆各种釉彩大瓶作为凝聚清朝制瓷工匠心血的瓷之重器，是中国古代瓷器的集大成者，可以看作向先人的致敬，也是对以前制瓷技艺的传承和总结。欢迎你有机会来故宫博物院欣赏这件瓷瓶，感受大国工匠那炉火纯青的制瓷技艺和盛世强国的文化自信。

翠玉白菜

现居地
台北故宫博物院

外形特征
成年人手掌大小

属性
玉

个性签名
青翠欲滴

毛遂自荐

我是一棵用绿白相间的上好翠玉雕成的白菜。雕刻我的工匠十分聪明，他利用玉石原本的颜色和自然的过渡，将白色的部分雕刻成菜根，绿色的部分雕刻成菜叶，使我看起来活灵活现，跟真的白菜一样。在我的身上还藏了两只小昆虫——蝗虫和螽（zhōng）斯，它俩在我身上玩耍，让我多了几分俏皮和灵动。这两只小虫还很有“来头”，在《毛诗序》中提到：“螽斯，后妃子孙众多也。”蝗虫和螽斯的亲缘很近，都很“多产”，寓意“多子多孙”。

明清两朝常有白菜的形象出现在艺术品中，因为“菜”与“财”的发音相似，所以白菜的题材在宫廷和民间一直广受喜爱，不论是画作还是玉器，我们都可以见到白菜的身影。但想要获得这么一块白绿相间的天然翠玉却是一件可遇不可求的事情。

关于我的来源也有着一段故事。相传有一年，知府大人来到大理，百姓们便把贡品放在路旁，有一位老人摆了一块不起眼的石头，知府大人看到，十分恼怒。谁知，到了第二年、第三年，老人依旧将这块石头献上。这下知府大人终于按捺不住，说：“把他

拖下去斩了！”这时候老人开口求饶，乞求知府大人能给他一年的时间，允许他将这块石头雕成一件作品。

来年，知府大人来到此地，他看见在那石头主人面前，赫然摆着一棵栩栩如生的“翠玉白菜”！原来这块石头不是普通的石头，它是一块稀世青白色翠玉原石，而这位老人则是一位玉雕高手。

虽然这只是一个传说，但完美的原料加上工匠的慧眼与巧妙的构思，是一件精美玉雕作品出现的必要条件。我的诞生也不例外，当然这也离不开我所处的时代，那是一个玉雕的巅峰时期……

星汉灿烂

随着清朝的经济发展，人们对文化艺术的需求开始增加，“康乾盛世”是中国玉文化发展的巅峰时期，玉制品产量之大、艺术水平之高超，无可匹敌。

康熙三十年（1691年），康熙皇帝下旨扩大清宫“造办处”的规模，清朝的宫廷玉器开始逐步发展起来。乾隆皇帝对艺术品收藏的热情，堪称前无古人，后无来者。尤其是对玉器的收藏，更是展现出了惊人的狂热，因此他也得外号“玉痴皇帝”。

乾隆皇帝一生之中光咏玉诗就写了800余首，要知道《全唐诗》中收录的李白诗作也不过1000余首。因为喜爱玉石，乾隆皇帝给自己的17个儿子起名也都用“玉”字旁，如永璜、永琏、永璋等。乾隆皇帝对玉的热爱，还导致了这一时期玉器生产空前蓬勃的态势，甚至促生了中国玉器史上大名鼎鼎的工艺特点——乾隆工。

正所谓“上有所好，下必甚焉”，乾隆时期的官员纷纷投其所好，不惜重金四处搜罗传世古玉，然后呈贡给皇帝。而乾隆皇帝为了提高和鼓励官员的献玉“积极性”，不仅赏赐官员远远超出玉价的赏金，而且将一年三贡的清宫常例取消，允许官员随时进贡。据清史记载，甚至有个别官员一年献贡高达30余次。清朝宫廷治玉的鼎盛时期，以宫廷玉器为龙头，带动了苏州、扬州、杭州、南京以及北京等地玉器制作的发展，中国玉器出现了前所未有的繁荣局面。

然而，真正优良的玉材是很珍贵的。新疆拥有丰富的传统玉材透闪石，即和田玉；缅甸北方密支那则产辉玉，即俗称的翡翠。它们是清朝宫廷用玉充足、稳定的来源，也促使玉雕走上更多姿多彩的发展道路。

风流人物

即使在玉雕繁盛的清朝，翠玉白菜仍然凭借着出色的玉质和巧妙的造型独占鳌头，那么在当时，谁是它的主人呢？

1887年，光绪皇帝选后妃，迫于慈禧太后的压力，光绪皇帝不得不册封慈禧太后的弟弟桂祥的女儿为皇后，而将礼部侍郎长叙的两个女儿分别封为珍妃和瑾妃，而翠玉白菜就作为姐妹二人的陪嫁（具体是珍妃的还是瑾妃的尚无定论），一起进了宫。

珍妃无论在相貌还是性情上，都远胜隆裕皇后和姐姐瑾妃，进宫

之后，得到了光绪皇帝的宠爱。珍妃不拘泥于虚礼，她喜欢女扮男装，常与光绪皇帝互换装束，有时还扮成宫女、太监，她还喜欢在当时十分新潮的摄影，加上她本身写了一手好字，又会下棋，经常陪伴在光绪皇帝的左右。

1898年，光绪皇帝接受了以康有为为首的改良派的变法主张，颁发维新法令，推行新政，珍妃追随光绪皇帝，极力主张变法。同年，慈禧太后独揽大权，囚禁光绪，并将珍妃打入冷宫。没过多久，八国联军攻入北京，慈禧仓皇出逃西安，光绪本想趁乱将珍妃接出冷宫，没想到慈禧早一步命人强逼珍妃跳井，珍妃抗辩不从，竟被太监强行推入井中，而此时光绪皇帝全然不知自己的爱妃已香消玉殒。

1901年，光绪皇帝回宫后，令人打捞起珍妃的尸体，追封珍妃为皇贵妃，安葬于西直门外。姐姐瑾妃当年随慈禧出宫，当她再次回到紫禁城时，已是物是人非，唯有这件姐妹二人被选入宫时的陪嫁翠玉白菜依旧如昨。

溥仪登基时，瑾妃受封为兼祧（tiāo）皇考瑾贵妃，一直居住在永和宫，直到1924年病逝。瑾妃的中晚年在永和宫过着很有品味的生活，她爱以丹青书法自娱，宫中摆放着精致的器物和盆景。在那些年中，翠玉白菜都在永和宫中陪伴着她。

余音绕梁

1925 年 10 月 10 日，故宫博物院成立，清室善后委员会开始着手整理故宫的铜器、瓷器、玉器、绘画等物品。那志良老先生就负责玉器的整理工作，他在《典守故宫国宝七十年》一书中回忆起在故宫第一次见到翠玉白菜时的情景：那件著名的翠玉白菜刚从宫里提出来的时候，是在珐琅花盆里的，在它的旁边还种了一棵小灵芝。

有专家认为，翠玉白菜是不可多得的精品，放在珐琅花盆里，实在有些“委屈”了它。故宫博物院成立了玉器陈列室后，翠玉白菜就被选为展品，单独展出。再后来，翠玉白菜随着文物南迁，辗转到了台湾，成了台北故宫博物院的明星展品。

故宫文物南迁

1933年1月31日山海关失陷后，为了文物安全，故宫博物院理事会决定将1.3万多箱文物分5批运往上海。1936年年底，南京朝天宫文物库房建成后，这些文物被运抵南京。1937年，淞沪战役爆发，这批南迁文物又分三路紧急西迁，开始了长达10年的万里西行，运抵四川，直至1947年才被运回南京。

圆明园马首铜像

现居地
圆明园管理处

外形特征
大小与真马马头相当

属性
铜

个性签名
再聚首，往事如梦

毛遂自荐

我是一尊铜做的马头，来自号称“万园之园”的圆明园。我曾经生活在园里，现在我也仍在这里，看似什么都没有变，但其实经过这些年月，已是物是人非了。圆明园变成了一片废墟，我在海外也漂泊了150多年。我是在2019年年底才回到这里的。重回故地，我的心中满是感慨，那些往事像梦一样……

我还有11个情同手足的兄弟——鼠、牛、虎、兔、龙、蛇、羊、猴、鸡、狗、猪，我和它们一起被称为“圆明园十二生肖兽首铜像”。我们12个兄弟最早被安置在圆明园海晏堂前的喷泉周围，呈“八”字形交替排列，左一是鼠，右一是牛，左二是虎，右二是兔……完全按照中国传统的十二生肖顺序排列。当时围绕喷泉的可不是一件件铜首，我们被安放在身着长袍的石雕之上，兄弟们的造型各异、妙趣横生，比如：牛手持拂尘，兔轻摇折扇，蛇拱手作揖，猴手拿棍棒，猪拉弓持箭，仿佛都在饶有兴致地观水戏水。

如果你以为我们只是安安静静地被放在那里作为摆设，那你就大错特错了，我们还有个奇特的外号——水力钟。作用嘛，类似家家户户挂在墙上的钟表。古时中国用时辰表示时间，每个时辰是两小时，如子时就是晚上11点至凌晨1点，午时代表中午11点至下午1点，这样十二时辰刚好24小时，而十二生肖又刚好跟十二时辰匹配，子鼠、丑牛、寅虎、卯兔、辰龙、巳蛇、午马、未羊、申猴、酉鸡、戌狗、亥猪，一一对应。到了子时，鼠首喷水；到了丑时，牛首喷水；依此类推。其中最为壮观的当属午时，也就是我喷水的时候，这时，除了我之外，其他11只兽首也会同时喷水，这景象蔚为壮观。

介绍了这么多功用，还没说我的颜值呢。你仔细看，有没有觉得我很像西方童话中骑白马的王子呀？飘逸的毛发、俊朗的外形、炯炯有神的大眼，再加上纤毫毕见的汗毛……不瞒你说，我也时常自诩十二生肖中的颜值担当呢！

前段时间，北京大学的科研人员给我拍了X光、测了成分，我才知道我的材质是红铜，含铜量达到了98%，可以历经数百年风雨而不锈蚀。而且我是采用适合进行精密铸造的失蜡法一次铸造而成的。

当初在设计我们时还有一个小插曲。我们十二生肖兽首被放置在了海晏堂前的喷泉周围，但设计者最初设计的造型并不是我们十二生肖，而是西方衣着暴露，甚至是赤身裸体的人体雕塑。乾隆皇帝看到设计方案后坚决反对，认为这与中国的文化格格不入，这样的雕塑难登大雅之堂，最后，喷泉样式才被修改成了我们十二生肖的形象。海晏堂是圆明园中的西洋建筑，而喷泉样式采用十二生肖，是真正的中西文化交融、碰撞的结晶。

星汉灿烂

清朝建立后，历经康熙、雍正、乾隆三朝盛世，国力已经达到了顶峰，当时清朝的人口占到了全世界的三分之一，而国内生产总值（GDP）占到了全世界的三分之二，庞大的帝国巍然屹立于东方。造就帝国基业的是2000年来的传统农业，统治者们也把农业作为安邦立国之本，于是乾隆年间，清政府开始实行闭关锁国，严格限制对外经济、文化、科学等方面的交流。

圆明园始建于康熙年间，最早是赏赐给四皇子胤禛，也就是后来的雍正皇帝的园林，当时的圆明园只有少量建筑，行节俭自然之风。雍正登基后，圆明园才由赐园一跃成为皇家园林。到了乾隆年间，圆明园得到了更大规模的扩建。当时在华的法国传教士王致诚曾这样写道："这里是一座真正的人间天堂……这处游冶之所以叫作圆明园，即万园之园，无与伦比之园。"

圆明园作为清朝最重要的皇家园林，不仅规模宏大，而且是中国清朝园林建筑艺术的集大成者。虽然地处北京，却不只是体现中国北方的建筑风格。所谓“谁道江南风景佳，移天缩地在君怀”，清朝的皇帝把不少江南名园胜景都“搬”进了皇家园林。圆明园中甚至还有一些景观，将中国古代神话传说变成了现实，像蓬岛瑶台对应着传说中的东海仙山，方壶胜境是乾隆皇帝在园中建的“东海龙宫”等。

圆明园还体现了中西合璧的特点，最具代表性的建筑就是西洋楼建筑群。这些主要由砖石建造而成的建筑，模仿了欧式宫殿，而其中的喷泉、迷宫在设计上又融合了不少中国传统元素，形成了中西结合的独特风格。其中海晏堂是西洋楼景区最大的一处园林景观，建成于乾隆二十四年（1759 年），“海晏”寓意“河清海晏，国泰民安”。乾隆皇帝有兴趣建造这座西式的壮丽园林，最先是被西方绘画中欧式喷水池所吸引，他一向认为“天朝”无所不能，所以就找到宫廷画院的意大利传教士郎世宁主持设计了海晏堂。虽然圆明园中有好几座喷泉，但最出名的当属海晏堂的十二生肖喷泉！

风流人物

1856 年，英法联军发动第二次鸦片战争，用枪炮再次打开了中国的大门。1860 年，他们占领了北京城，咸丰皇帝匆忙逃往承德避暑山庄。为了迫使清政府尽快接受议和条件，英国政府以清政府曾将英法被俘人员囚禁在圆明园为借口，命令侵略军 3500 余人直逼圆明园。

在英法侵略者入园的第二天，他们就抵挡不住珍宝的诱惑，开始成群结伙地抢劫园中的金银财宝和文化艺术珍品。园内珍宝太多，他们一时不知道该拿什么好，有的去拿镶嵌珠玉的挂钟，有的背着装满了各色各样珍宝的大口袋往外跑，有的往外衣宽大的口袋里装进金条和金叶，还有人半身缠着织锦绸缎，帽子里放满了红蓝宝石、珍珠和水晶石，脖子上挂着翡翠项圈，全身上下没有空处可以再装或挂任何宝物了……据说，有一处厢房里有堆积如山的高级绸缎，足够北京城半数百姓之用，也被士兵们用大车运走了。1860 年 10 月 18 日、19 日，三四千名英军在园内到处纵火，大火三昼夜不熄，这座举世无双的园林杰作，连带众多中外罕见的艺术珍宝，被付之一炬。

享誉全球的法国大作家维克多·雨果在圆明园遭受劫难后，给一名英法联军中的法国军官写信道：“有一天，两个来自欧洲的强盗闯进了圆明园。一个强盗洗劫财物，另一个强盗放火……我希望有朝一日，解放了的干干净净的法兰西会把这份战利品归还给被掠夺的中国，那才是真正的物主。”维克多·雨果毫不留情地将英法联军

描述成“强盗”，并期望今后法国能将抢来的文物归还中国，这份对待人类文明的态度与精神，实在是难能可贵。这也从另一个侧面说明，英法联军在中国、在圆明园犯下的罪行，是会受到历史批判的。

也就是在这场浩劫中，十二生肖兽首铜像流失海外，开始了漂泊的生活……

余音绕梁

2007 年 8 月，国家文物局在获悉香港苏富比拍卖公司准备拍卖圆明园马首铜像后，向该公司有关负责人表示，圆明园马首铜像是中国近代被劫掠的珍贵文物，国家文物局不赞成公开拍卖，希望能以适当方式收回，香港苏富比拍卖有限公司对此表示理解，并积极斡旋。

2007 年 9 月，港澳知名企业家、爱国人士何鸿燊（shēn）先生斥资 6910 万港元购得圆明园马首铜像，他表示要将马首铜像捐赠国家，借此希望带动更多人参与保护中国文物的工作，共同树立爱国民族意识。此后，马首铜像一直在港澳地区公开展示，为增进港澳同胞对祖国文化的了解、弘扬爱国主义精神发挥了积极作用。

2019 年 11 月，在国家文物局的协调下，何鸿燊先生决定将马首铜像正式捐赠国家文物局，向中华人民共和国成立 70 周年和澳门回归 20 周年献礼。为更好地践行流失文物回归原属地的文物保护国际共识，国家文物局经与何鸿燊先生协商一致，将马首铜像划拨北京市圆明园管理处收藏，回归原属地，为其百年回归之路画上圆满句号。至此，已有包括牛首、猴首、虎首、猪首、鼠首、兔首、马首在内的7尊圆明园流失兽首铜像通过不同的方式回归祖国。

文物是历史之鉴、时代之证，抚今追昔，马首铜像百年归藏之路令人感慨万千，警醒我们不忘这一路走来的荆棘坎坷。也希望你不忘却这段民族历史，一直努力前行！

十二生肖

十二生肖又叫属相，是十二地支的形象化代表，即子（鼠）、丑（牛）、寅（虎）、卯（兔）、辰（龙）、巳（蛇）、午（马）、未（羊）、申（猴）、酉（鸡）、戌（狗）、亥（猪）。随着历史的发展，十二生肖逐渐融入民俗传统，每一种生肖都有相应的传说故事和文化寓意，深受人们喜爱。